# 歴史的に考えること

## ―過去と対話し、未来をつくる

宇田川幸大

新書 994

# はじめに

## ◉ごあいさつ

みなさん、こんにちは。この本の著者、宇田川幸大《うだがわこうた》です。主に、第二次世界大戦後の日本の政治や社会の歴史を研究しています。この本を手に取ってくださったみなさんに心からのお礼を申し上げたいと思います！　本当にありがとうございます。歴史に興味のある人、歴史や歴史学には何となくのイメージしかないけれど、何かに生かせるかもしれない、と考えている人など——、いろいろな方がいらっしゃることと思います。私も歴史学を本格的に学び、この業界に身を置くようになって早二〇年の時が流れました。この間、現代史に関する本や論文を書いたり、大学で授業やゼミをしたりという生活をしてきました。

そんななか、授業の受講生のみなさんから、毎年こんな声が届くようになりました。「受験で使った日本史よりも、大学で学修した歴史学の方がずっとアクティブだった！」「歴史学を通して世の中をみられることが分かった！」「歴史を学び、自分の考え方がいかにいい加減だったかが分かりました!」 ちょっと予想外の嬉しいコメントでした。

### ◉この本を書いた理由

残念ながら、マニアックで細かい知識を吸収することが歴史、というイメージが今でも根強いように思います。単語を知らなければ英会話ができないのと同じように、確かに用語を知ること自体は大切だろうと思います。しかし、用語を覚えることは、「歴史を知り、今を考える」ための「手段」であって、「目的」そのものではありません。歴史や歴史学の考え方を理解して、それをどのように活用することができるか、という点が大事です。多分、私の授業の受講生たちは、このことに気づき、歴史的に考えるという作法(ひいては歴史学的なものの見方)を使って、世の中を読み解いてゆく楽しさや大切さに気がついてくれたのだと思います。歴史的に考えるための方法を知り、これを私たちが今生きる社会に応用してゆくための入門書が必要そうだ……! 私はそんな風に考えるようになりました。これが、この本を書こうと思ったきっかけです。以下、歴史的に考えることがなぜ大切なのか、この本でみなさんと何をどのように一緒に学んでゆくのか、説明していきたいと思います。

【引用および出典について】

※それぞれの文章の根拠や出典は、各文章末尾の（　）で示しています。（　）のなかに、著者の名字と文献名を記載しています。例えば、（宇田川『東京裁判研究』）のような形です。巻末の参考文献一覧には、著者のフルネーム、出版社と刊行された年数までを記載した、詳しい文献情報を入れてありますので、文章を読み進めるなかで引用されている文献を確認してみたくなった場合には、①文章内の（　）を確認する→②（　）に記載されている著者の名字、書名を確認する→③参考文献一覧で、調べたい文献の詳しい情報を確認する→④図書館などで文献を探す、という順序で調べることができます。

※各章の冒頭に「この章の目的」を設けました。各章の目的を把握できるようにしてあります。次の章の予習をする時や、前に読んだ章の復習をする時などに活用してください。

※人物の肩書は、当時のものを書き込んでいます。

※史料の引用では、旧漢字を現用のものにしたり、送り仮名を補ったりするなど、読みやすくするための修正を加えています。〔　〕は私の注記です。

# 目次

章扉イラスト＝佐竹美保

# 序章

# 1　過去は現在と切り離せない

## ――わたしたちは近代日本の戦争の「後」を生きている

### ◉歴史的に考えてゆくための第一歩

まずはこんな問いかけをするところから始めたいと思います。あってはならないことですが、みなさん自身が何かの事件に巻き込まれて被害にあってしまい、その被害を無視されたり、相手の加害者が責任を棚上げしたりしてきたらどう感じるでしょうか。深刻な事故や事件がなかったことにされたり、原因を無視した的外れな決定が世の中で行われたりしていたら、どのように思うでしょうか。多分、ほとんどの人が深い憤《いきどお》りを感じるのではないでしょうか。同じことを繰り返さないためにも、そして被害にあってしまった人が前を向いて生きてゆくためにも、事件の原因や経緯をきちんと理解して、再発防止に努める社会をつくる、という作業が必要になってくるはずです。例えば、イタイイタイ病など、教科書で習った公害とその被害を思い出してみてください。

実は、この「原因と経緯をきちんと理解する」ということが「歴史的に考えること」の第一歩です。「原因」「経緯」という言葉と「歴史」という言葉とがあまり結びつかない、という人もいるかもしれませんね。でも「原因と経緯をきちんと把握する」には、過去にさかのぼって考えるほかありませんよね。時間は常に経過していくわけですから、ものごとの原因は常に過去にあり、事件発生から現在までの経緯を確認するためには、過去から現在までの流れを追う、ということにどうしてもなります。人間は生きているうちに、必ず失敗を経験します。でも人間は、失敗したとしても頭を使う（理性を働かせる）ことで、失敗を繰り返さないようにすることもできるはずです。過去にさかのぼって、原因と経緯を探ることも、失敗を繰り返さないための取り組みの一つです。あとで詳しく説明しますが、この「過去にさかのぼって原因と経緯を探ること」を、とりあえずは「歴史的に考えること」だと考えていただけたらと思います。

### ◉「歴史的に考えること」を体験する

今、私たちが生きている世の中では、残念ながらたくさんの問題が同時多発的に起こっています。戦争、暴力、貧困など、すぐに思いつくものを挙げただけでもきりがないくらいです。しかもどれも一朝一夕《いっちょういっせき》には解決が難しそうなものばかり。問題が複雑で大きなものであればあるほど、昔のことまでさかのぼって考えないと、問題のポイントや本質はみえてきません。だとすれば、政治や外交といった重大な場面でも、歴史的に考えることがとても大切な作業となるはずですよね。しかし……、残念ながら現在の日本の政治では、歴史的に考えることが軽んじられ、時には無視されることすらあるというのが実状なのです。

実例をあげてみていきましょう。ここ数年、ニュースやネットなどで何度も取り上げられているので、見聞きした人も多いと思いますが、「徴用工《ちょうようこう》」問題もその一つです（「徴用工」の定義は次の項目で説明します）。二〇一八年一〇月、韓国大法院（日本の最高裁判所にあたります）が新日鐵住金《しんにってつすみきん》（現在の日本製鉄）に対して、韓国人元「徴用工」四人に一人当たり一億ウォン（約一〇〇〇万円）の損害賠償を命じる判決が出されました（「徴用工」判決）。これに対して日本側では、政府とメディアの両方が、韓国側をそろって非難しました。安倍晋三首相は「判決は国際法に照らして、あり得ない判断だ」と発言し、新聞も、韓国が「解決済み」の問題をひっくり返した、と一斉に報道しました（『朝日新聞』二〇一八年一〇月三一日付朝刊）。これまで日本政府は、一九六五年に締結された日韓請求権協定という条約で、韓国に対する戦後補償は終わっている、との理解を示しています。安倍首相の主張やメディアの報道は、これを踏襲《とうしゅう》するものでした。

二〇一九年七月、日本政府は韓国への輸出規制を開始して、経済の面から韓国に圧力をかけてゆきました。日本政府はこれを輸出管理の見直しだと説明しましたが、「徴用工」判決への経済報復としての意味をもつものであったことは明らかでした（竹内『韓国徴用工裁判とは何か』）。二〇二三年三月六日、韓国政府は政府傘下の財団が日本側の賠償を肩代わりする「解決策」を提示、財源は韓国企業が拠出することとされ、日本企業の資金拠出と謝罪が見込まれない計画となりました。日本政府はこれを評価する、としています。

## ◉そもそも加害者は誰？

以上が「徴用工」問題に関するここ数年の流れですが、これを「原因と経緯を過去にさかのぼって考える」という手順に従ってみるとどんなことがいえるでしょうか？　日韓の戦後処理の経緯と「徴用工」問題については、第三章と第四章でさらに詳しく検討してゆきますが、ここでは次の三点を確認しておきたいと思います。

一つは、安倍首相と日本政府のやり方は、植民地支配で苦しめられた人びとへの理解を欠いたものである、ということです。そもそもなぜ「徴用工」の人びとが被害を受けることになったのか、「過去にさかのぼって原因を考える」という点を意識しながらみていきましょう。

一九一〇年の「韓国併合」以来、朝鮮半島は三十数年間にわたって日本の植民地支配を受けました。支配のなかで、激しい民族差別にさらされたり、日本が起こした戦争に強制的に動員されたりして、職や生命、そして人生を奪われた人びとが大勢いました。「徴用工」もそうした犠牲を強いられた人びとです。「徴用工」とは、日本が日中戦争から敗戦にかけて行った労働動員政策によって、動員された人びとのことです。朝鮮半島から「徴用工」として動員された人びとのなかには、強制的に連れてこられた人や、騙されて連れてこられた人がたくさんいました。日本製鉄が「徴用工」を動員し、被害を与えたということも消えることのない事実です(竹内『韓国徴用工裁判とは何か』、山田ほか『朝鮮人戦時労働動員』)。つまり、被害の根本的な原因は日本による植民地支配にあります。加害者は日本と日本企業です。にもかかわらず、経済的な圧力をかけて韓国側に賠償を肩代わりさせて、日本側は謝罪すらしない、という「解決」がなされようとしているわけです。これでは、被害が生じた「原因」を無視して開き直り、被害者を冒瀆《ぼうとく》しているのと同じことです。

## ◉これまでの説明はどこへ⁇

二つめは、日韓の戦後処理がどのように行われたのかという、基本的な「経緯」を日本側が無視しているということです（ここでは「過去にさかのぼって経緯を知る」という点を意識してみてください）。一九五一年から六五年にかけて、日本と韓国は日韓会談と呼ばれる外交交渉を行いました。日本による戦争と植民地支配が終わり、戦後の日韓関係の基礎となる国際条約が必要とされたため、こうした交渉の場が設けられたのです。当然、韓国側は日本の植民地支配に対する反省を求めました。しかし、この会談で日本側は、最後まで植民地支配の責任を棚上げしました。植民地支配の問題は、この会談で正面から問われなかったのです（太田「日韓会談文書公開と「過去の克服」」、同『日韓交渉』など）。こうした交渉を経て結ばれたのが、日韓基本条約（一九六五年）と日韓請求権協定（同年）です。きちんと議論しなかった植民地支配の責任について、日本側が「全て解決済み」だと主張することには無理があります。

また日本政府は日韓請求権協定について、一九九一年一二月一三日の参議院予算委員会で、被害者が個人としてもつ請求権（被害への補償を求めたりすること）は残っていると説明しています（第一二二回国会参議院予算委員会、第三号）。今回の「徴用工」判決は、元「徴用工」の人たちがもっている個人の請求権を認め、企業の法的責任を明示しています。かつての日本政府の説明からしても、「徴用工」判決は十分にあり得るものです。「徴用工」問題に際して、議論の前提を覆しているのは、実は日本側だということが、こうした「経緯」から分かってきます。「原因」も「経緯」も無視して、被害者の側に責任を一方的に押し付け、自分は開き直る。こうした「前例」を、日本政府と日本企業は作ったことになります。

## ◉現在と過去は切り離せない！

このように、現在の日本の政治や外交の場では、歴史的に考えるという作業をほとんどせずに、自己中心的な考えを相手に押し付け、「解決」を図ろうという極めて問題のあるやり方が当たり前のものとなりつつあります。何がどのように問われてきたのか、逆に何が問われてこなかったのか。これらを過去にさかのぼって検討しておかないと、今後も人権を踏みにじるひどい政治・外交がまかりとおってしまうのです。

そして、もう一つここで確認しておきたいことは、歴史と現在とを切り分けることはできない、ということです。「徴用工」問題を取り上げたのは、このことを確認したかったからです。「過去」「歴史」と聞いただけで、今の私たちとは関係ない、と考えがちではないでしょうか。しかし「徴用工」問題をみてゆくと、何十年も前に行われた、日本の植民地支配によって引き起こされた事件が、二〇二〇年代にまで尾を引き、現在進行形の人権問題として問われていることが分かります。現在の問題であり続けている以上、これにどう対応するかは現在を生きる私たちが決めることになります。それは、現在と過去とが分かち難く結びついている、ということなのです。

### ◉戦争と植民地支配の「後」を生きている

特に、戦争や植民地支配といった問題は、その暴力の巨大さゆえに、癒《いや》しがたい苦痛を被害者とその家族に与えます。虐待、虐殺、性暴力など、戦争での経験がトラウマとなり、人びとの心と体が、戦争が終わったあとも長く苦しめられることもあります。戦争がきっかけで、本人だけでなく、家族がめちゃくちゃになってしまったというケースもたくさんあります。問題が大きければ大きいほど、人間の苦しみは長く続くのです。「歴史の問題」が「現在の問題」であり続ける理由もまた、こうしたところにあります。

日本の近代は、戦争に明け暮れた時代でした。日清戦争(一八九四~九五年)、日露戦争(一九〇四~五年)、第一次世界大戦(一九一四~一八年)、満州事変(一九三一年勃発)、日中戦争(一九三七年勃発)、アジア太平洋戦争(一九四一~四五年)——。戦争や植民地支配による被害は極めて大きく、問題は「戦後」へも波及していきました。「徴用工」問題もその一つです。私たちは、近代日本の戦争や植民地支配の「後」を生きているのです。

## 2 今、なぜ歴史的に考える力が必要なのだろう

### ◉歴史的に考える力＝様々なテーマに応用ができる

続いて、歴史的に考える力はあらゆるテーマに応用できるし、また、応用しなければならないことを確認したいと思います。ここでは、福島第一原子力発電所の「処理水」の海洋放出について考えていきたいと思います。

二〇二三年八月二二日、日本政府は福島第一原発でタンクに保管されている「処理水」を海洋放出することを決め、八月二四日からこれをスタートさせました。二〇一一年三月以来、事故を起こした福島第一原発では、原子炉内の燃料デブリ（原子炉のなかの冷却機能が失われて、核燃料などが溶け、冷えて固まってしまったものを「燃料デブリ」といいます）にかけている冷却用の水と、雨水や地下水が流れ込み、放射性物質を含む汚染水が増え続けてきました。汚染水をそのまま海洋放出することはできませんから、ALPS《アルプス》という装置などを使って、放射性物質をできるだけ取り除いて、「処理水」としたものを海洋に放出する、というのが今回の

政府と東京電力(東電)の方針です。政府や東電は、放射性物質である「トリチウム」を充分に薄めて海洋放出するから問題ない、国際原子力機関(IAEA)も今回の海洋放出の方針にお墨付《すみつ》きを与える報告書を出しているから大丈夫、と主張しています。こうした方針や進め方に本当に問題はないのでしょうか。

## ◉重い約束だった

ここでも、過去にさかのぼり経緯を問う、という方法に沿って考えてゆきます。

最初に確認しておく必要があるのは、政府や東電と、海洋放出の一番の影響を受ける福島の人たちがどのような取り決めを行ってきたのか、ということです。海洋放出からさかのぼること八年。二〇一五年八月、地元の漁業関係者と東電はこんな約束を文書で交わしていました。東電から福島県漁業協同組合連合会に宛てられた文書、「東京電力(株)福島第一原子力発電所のサブドレン水等の排水に対する要望書に対する回答について」(二〇一五年八月二五日付)には、「関係者への丁寧な説明等必要な取り組みを行うこととしており、こうしたプロセスや関係者の理解なしには、いかなる処分も行わず、多核種除去設備〔アルプスのこと〕で処理した水は発電所敷地内のタンクに貯留いたします」と書かれています(この文書は東電のウェブサイトでも閲覧できます)。つまり、関係者の理解が得られなければ海洋放出はできない、ということになります。二〇一五年八月、経済産業省も東電と同じ見解を文書で示していました(『毎日新聞』二〇二一年六月九日付朝刊)。

しかし、福島県の漁業関係者や住民から放出反対の声が繰り返し上がっていたにもかかわらず、政府と東電は海洋放出を強行しました。二〇二三年六月二二日、全国漁業協同組合連合会(全漁連)は、放出反対の特別決議を採択し(朝日新聞デジタル二〇二三年六月二二日付)、福島県漁連も、二〇二〇年から二三年にかけて、四年連続で放出反対の特別決議を採択していました(NHK福島NEWS WEB、二〇二三年六月三〇日付)。文書での取り決めがあったにもかかわらず、こうした反対意見は無視されることになったのです。契約や取引など、文書での取り決めは最も強い信用と拘束力《こうそく》をもちます。今回の放出は、国と東電という組織が、文書での取り決めという、人間の社会で最も重い約束を、一方的に破棄したことを意味します。これでは、いくら文書で約束を取り交わしたとしても、後から好き勝手に解釈して破棄できる、ということになりかねず、社会そのものの維持すら危ぶまれます。

## ◉無視された代案

次にみておきたいのは、政府と東電によるこれまでの計画や進め方です。二〇一六年、経済産業省（以下、経産省）は汚染水や「処理水」の処分方法について検討した文書をまとめていますが、ここでは、「処理水」の貯蔵など海洋放出以外の案が、合理的な理由もなく排除されていました（荒井『トリチウムの何が問題か』）。

二〇一九年一〇月三日、技術者や研究者が参加する原子力市民委員会は、海洋放出以外の方法として、①陸上の大型タンクで貯留する案、②モルタル固化処分案（「処理水」をセメントと砂でモルタル化して、半地下の状態にして保管する案。「モルタル」とは、セメントに水と砂を入れて練ったものです）の二つの案を提案していましたが、これも無視されました。①の方法は、石油備蓄などでも実績があり、②の方法も、アメリカのサバンナリバー核施設の汚染水処理でも用いられたことがあります（原子力市民委員会「ALPS処理水取扱いへの見解」、FoE Japan「【Q&A】ALPS処理汚染水、押さえておきたい14のポイント」）。つまり、経産省や東電は「海洋放出ありき」で手続きを進めており、他の実現可能な代案を無視してきた、ということになります。これでは、人びとの不安を取り除くことはできないでしょう。政府や東電の進め方は、あまりにもいい加減です。

日本政府が「処理水」の海洋放出を正当化する根拠の一つに、ＩＡＥＡの報告（二〇二三年七月)があります。この報告は、基本的には日本政府と東電が提供したデータに基づいて作られています。東電の「放射線影響評価」に関する情報は三つのタンク群のデータに基づいていますが、これは全てのタンクに貯蔵されている水の三%弱に過ぎません(FoE Japan【Q&A】ALPS処理汚染水、押さえておきたい14のポイント」)。またIAEAは、タンク貯留案やモルタル固化といった代替案を検討しておらず、海の生態系や漁業への長期的な影響についても分析していません(原子力市民委員会「見解」)。

IAEAは、一九五七年にアメリカが主導して作った機関で、原子力技術の平和利用の促進を目的の一つとし、原発を推進する立場にあります。IAEAは原発推進という目的が第一にあり、人権や環境保護という観点については必ずしも、公正な判断を下せる機関ではない、ということに注意が必要です。IAEAのお墨付きをもって、「処理水」の海洋放出を科学的に正しい、と断言することはできないのです。

これまでの政府や経産省の進め方については、科学技術や科学者の意見を都合の良い部分だけつまみ食い的に利用して、安全や健康よりもコスト重視の考え方に立っている、という批判が出されています(原子力市民委員会「見解」、荒井『トリチウムの何が問題か』)。

## 3　みなさんと一緒に考えていきたいこと

### ◉歴史的に考えることの意味

このように、過去にさかのぼってものごとの原因や経緯を点検してゆくと、今私たちの目の前で展開されている主張や情報が、必ずしも正しいものだとはいい切れない、ということがみえてきます。原因や経緯を点検する作業を踏まないと、「全部相手が悪いのだ」という考えに陥りがちで、政治や外交の場で不要な混乱を生んだり、正当な理由もなく、相手に責任を押しつけたりすることになります。結果、私たちの暮らしや認識にも影響を与えます。歴史を学ぶことは、私たちが生きてゆく上で絶対にしてはならないことを明らかにすることでもあるのです。

そのために重要なのは、私たちが歴史的に考えることを通して、目の前にある政治や社会をしっかりとチェックしてゆく、ということです。いろいろな問題があるとはいえ、戦後、日本は民主主義に基づく政治の仕組みを整えてきました。選挙を通して政治家を選び、政治を動かす、というシステムです。しかし民主主義の仕組みは、私たちがよほどしっかりしていないと維持できないものでもあります。すでに確認したように、「あったこと」が「なかったこと」にされたり、重要な約束が正当な理由もないのに簡単に破られたりすることが、今の日本ではかなり増えてきています。これは、そのような無茶をする政治家や政党を、社会の側が選んでいるせいでもあるのです。様々な立場や状況にある人びとが、安心して一緒に生きてゆく社会にするには、歴史的に考え、政治と社会をきちんとチェックしてゆくことが必要不可欠です。

## 4　読む前の準備体操――歴史学への招待

### ◉重要な三つのキーワード

さて、ここからは歴史的に考えるための具体的な方法について、あらかじめお話ししておきます。ここまでの内容を土台にしながら、議論をもう一歩進めてみましょう。

歴史的に考えてゆくための方法には、大きくいって三つあると思います。これを端的なキーワードで表現すると次のようになります。

一つめは、「さかのぼる」です。本書でも、すでにこの言葉は何度も登場していますね。

歴史を考える際に、何をおいてもまず行わなければならないのはこれです。事件の原因は必ず過去にあります。各事件の実態を明らかにして、これにふれるためにもまずは「さかのぼる」ということが必要になります(「徴用工」問題や原発「処理水」のことを扱った部分を思い出してみてください!)。

二つめは、「行きつ戻りつする」です。もう少し硬い表現をするなら「往還《おうかん》」という表現がぴったりくると思います。これは、現在と過去とを行きつ戻りつして、ものごとの本質や経緯を問う、そして、将来に向けて私たちが何をすべきか(何をしてはならないか)を考える、ということです。ですから、過去、現在、未来の三つの時間を行ったり来たりして、問題の原因や本質に接近してみよう! それがここでいう「往還」です。

三つめは「比較する」です。ここでいう「比較」には二つの意味があります。一つは「過去と現在の比較」、そしてもう一つが「日本と世界の比較」です。例えば、私たちは「責任ある仕事を任されて、以前よりも人として成長できた!」「陸上競技で記録が伸びた!」といった経験をしたりします。「成長できた」「記録が伸びた」といった表現は、全て過去の時点と現在とを比較することで初めて成立します。過去と比べて、今の社会がどこまで改善されているのか。過去に比べて今の私たちは大して成長できていないのではないか。「過去と現在の比較」という考え方を導入すると、こうしたとても大切な問いを立て、点検することができるようになります。

もう一つの「日本と世界の比較」、という視点も大事です。私たちが暮らしている日本社会の常識は、必ずしも「世界の当たり前」ではありません。海外で大切にされている考え方や価値観と比較しながら、日本の歴史を解釈してゆくと、日本の政治や社会の特徴が浮き彫りになります。例えば、過去から現在にかけて行われてきた日本の政策決定を、国際社会のルールである国際法に基づいて解釈したらどうなるのか、といった問い方が考えられます。

この三つの方法によって検討することが、「歴史的に考えること」の具体的な中身なのだ、と考えていただければ幸いです。

## ◉歴史学という学問と史料

ここまで「歴史的に考えること」について、その方法や中身を紹介してきました。こうした方法を学問として行ってきたのが歴史学です。「学」がつくと途端に難しくなったような印象を受けるかもしれませんが、そうではありません。実は、私たち歴史学者が学問として歴史学をする際も、先にみた三つの方法を駆使するのです！「さかのぼる」、「往還する」、

「比較する」という三つの考え方は、紀元前の段階から、歴史学が最も大切にしてきた考え方です。大学の歴史学の授業で必ず紹介される、E・H・カー(イギリスの歴史学者)の名著『歴史とは何か』(清水幾太郎訳、岩波新書、一九六二年)にも、「歴史とは歴史家と事実との間の相互作用の不断の過程であり、現在と過去との間の尽きることを知らぬ対話なのでありま す」との有名な一節があります。表現は違いますが、カーも「さかのぼる」「行きつ戻りつする」という要素を重視していたことが分かります。

また、学問には「手堅さ」が求められます。分野を問わず、学問の手堅さは証拠や根拠によって決まります。歴史学の場合には、「史料」がこれにあたります。史料とひと口に言っても、実に多くのものが史料になります。有名な軍人や政治家の日記、官公庁が作成した公文書、他にも雑誌、新聞なども貴重な史料になります。

なお、史料というと「紙」という印象が強いと思いますが、証言も重要な史料となります。私たちも日常的に文章を書く、という作業をしていますが、思ったこと全てを書くわけではありませんし、時には本当のことを書かない(書けない)場合もありますよね。このため、紙の史料が語っていないことを、証言によって明らかにする、という作業が必要になります。関連する全ての史料に言及することはとてもできませんが、本書でも「これぞ!」という史料をピックアップして、根拠・証拠を確認しながら読み解く作業を入れていきます。

## ◉この本の目的——読者のみなさんへ

ここまで、「歴史的に考えること」の大切さや、歴史学という学問について整理してきました。まだ何となくのイメージしかわかないという人もいるかもしれませんが大丈夫です。第一章以降で他の事例も交えて、より具体的なお話をしていきますので、読みながら「歴史的に考えること」の輪郭が少しずつはっきりしてゆけば充分です。

本書の目的は、「歴史的に考えること」にふれ、これを様々な問題に応用してゆくための方法を学ぶことにあります。よく「歴史学入門」のようなタイトルの本が売られていますが、これらとはちょっと違います。これまでの歴史学の入門書は、歴史学という学問の歴史、あるいは様々な学説の解説をメインとしてきたように思います。これ自体はとても大切ですが、「今起こっている現実の問題に、歴史学をどう応用するのか?」という点については、少々言及が弱かったように思います。そこで本書では、「歴史的に考えること」という発想を学ぶことに力を入れつつ、これを社会に応用してゆく、つまりは実践面を重視した歴史学の入門書となるよう工夫してゆきたいと考えています。このため、事実関係を年代順に淡々《たんたん》と並べてゆくようなスタイルは採らないことにしました。各時期の歴史の大まかな流れについては、それぞれの章の冒頭部分で簡単に整理する程度にしておいて、あとはもっぱら、重要な事例を取り上げて、歴史学的なものの見方に従って検討してゆく、という進め方にしました。

とはいえ、歴史的に考えるといっても、何を、どこまで学ぶのかが問題です。一つの本で全ての地域、時代、分野の話をすることはできませんし、そのような「偉業」は、一人の日本現代史の研究者に過ぎない私の能力と限界をはるかに超えます……。そのため本書では、今の日本の政治・社会を理解する上で「これだけは欠かせない！」と考えられる、戦後日本の政治と社会の歴史に着目しながら、話を進めてゆくことにしたいと思います。

また、先ほど述べた「私たちは戦争や植民地支配の「後」を生きている」という点は、戦後日本のあらゆるシーンにあてはまる大切な視点です。本書では、日本の戦争や植民地支配と「その後」を点検してゆく、という形で全体を構成しています。

高校生や大学生といった初学者のみなさんが、本格的な歴史の学修をしてゆく際の入門書としてこの本を活用していただけたらいいなと思っています。中学生の方も、教科書や資料集を手元に置きながら、ちょっと背伸びをする気持ちで読んでいただけたら嬉しいです。

# 第一章◇戦争と暴力が繰り返された時代

——日清戦争からアジア太平洋戦争の敗戦まで

## この章の目的――全ての時代やできごとには前史がある

日本の歴史学の世界では、日本がアジア太平洋戦争に敗戦した一九四五年八月以降の時代を、「現代」と区分するのが一般的です。「日本戦後史」は「日本現代史」とほぼ同じ意味をもつ用語、ということになります。「戦後」という言葉は、「戦中」、「戦前」という時期があったからこそ生まれる考え方です。日本現代史(日本の戦後)を理解するには、それ以前の「近代」という時代、特に、戦争と植民地支配という「前史」を知っておくことが必要になります。

第一章では、日本現代史を理解するための前提となる、近代日本の戦争や暴力について確認してゆくことにしたいと思います。しかし、単なる事実関係の確認を行うことが、この章の目的ではありません！　この章の最大の目的は、「全ての時代やできごとには前史がある」ということを、みなさんと一緒に確認することです。

しかし、明治から昭和の前半までを、だらだらと追跡したのでは意味がありません。第一章では、この本の目的や第二章以降の内容との関係を意識して、①戦争や暴力を生んだ原因とは何か、②なぜ戦争や暴力にブレーキがかからなかったのか、という二つの問題を軸に、近代日本の戦争や植民地支配のプロセスを追跡してゆくことにします。この二つのポイントを知ることが、現在の日本の政治・社会で起こっている事件の、根本原因を知ることにもつながりますので、ご注目ください。

## 1　日清戦争・日露戦争——植民地獲得戦争の展開

### ◉戦後日本での日清戦争・日露戦争のイメージ

戦後日本では、「戦争」といえば「アジア太平洋戦争」をイメージすることが多く、日清戦争や日露戦争は、その存在自体が忘れられがちです。こうしたなか、「日露戦争は、南下してくるロシア軍に日本が立ち向かった戦争であった」といった語られ方が、司馬遼太郎《しばりょうたろう》の『坂の上の雲』など、多くの文学作品や映画でもみられるようになりました。日本の近代史について、問題なのは昭和期以降であって、明治期までの日本の歩みは問題なかった、という歴史認識も、戦後の日本社会で広く定着しています(宇田川『私たちと戦後責任』)。

でも、よく考えてみると、日本が日清戦争に勝利するのが一八九五年、アジア太平洋戦争に敗北するのが一九四五年、五〇年しか経っていません。また、日露戦争の終結（一九〇五年）から日本の敗戦までをカウントすれば四〇年しか経っていないことになります。国家と社会の仕組みや人びとの考え方が、数十年のうちに大きく変わるとはちょっと考えにくいことです。日清・日露戦争は紛れもなく、昭和の「前史」としての側面をもっています。そんなことを念頭に置きながら、日清・日露戦争を確認するところから話を始めましょう。

### ◉日清戦争への道

日清戦争はなぜ起こったのか。日本と清が戦争開始を告げる宣戦布告の詔書を発表したのは、一八九四年八月一日ですが、ここでは少し時間をさかのぼりつつ、戦争発生の原因となったいくつかのポイントを確認してみましょう（以下、特に断りのない限り、日清戦争の開戦経緯については、原田『日清・日露戦争』、原『日清・日露戦争をどう見るか』）。

明治維新ののち、明治政府の指導者たちは、帝政ロシアの南下政策（アジア侵略）を強く警戒していました。ロシアは必ず中国東北部（満州）を侵略し、やがて朝鮮半島へ進出する、こうなれば日本の独立も危うい、というのが彼らの認識でした。日本はロシアの先手を打って朝鮮を確保するという戦略をとってゆきます（山田『世界史の中の日露戦争』）。

一八七五年の江華島事件(日本の軍艦「雲揚」が朝鮮の江華島で朝鮮側を挑発して、戦闘に発展した事件)をきっかけとして、日本は朝鮮に迫り、日朝修好条規を締結し、朝鮮を開国させます。日朝修好条規は、日本の領事裁判権を認めさせるなど、朝鮮側にとっては不平等条約にあたるものでした。

一方で、壬午《じんご》事変(一八八二年。朝鮮の反日派によるクーデター。清国が出兵して鎮圧)や甲申《こうしん》事変(一八八四年。朝鮮の親日派によるクーデターが失敗した事件。清国軍が出動してクーデターは鎮圧された)を通して、清国も朝鮮に対する影響力を拡大していました。これは一方の日本側にとって不都合な事態、ということになります。

とはいえ、いきなり日清両国が一触即発の状態になったというわけではありません。なぜなら、甲申事変の処理のために日清間で締結された天津《テンシン》条約(一八八五年四月調印)では、今後、もし朝鮮に出兵する場合には、互いに公文によって事前通知する、というルールが定められたからです(このルールは朝鮮側の同意を得られていませんでした)。日清のいずれかが出兵すれば、もう一方の出兵を促すことになるので、これは大きな抑止力がありました。日本が朝鮮へ積極的に侵出しない限り、日清開戦の可能性は低かった、ということになります。

## ◉開戦を決定づけたもの

こうしたなか、最大のターニングポイントが訪れます。これが一八九四年一月の甲午《こうご》農民戦争（東学農民戦争とも。朝鮮の民衆宗教の一つであった「東学」を信仰する人びとを中心とした、排日と減税などを求める大規模な蜂起）の勃発《ぼっぱつ》です。ここで朝鮮側は清国に援軍を求め、蜂起を鎮圧しようと試みました。しかし、日本側の行動は素早く、清国側に援軍要請が発せられたことを知ると、伊藤博文内閣は衆議院を解散し、六月二日には朝鮮への日本軍派兵を決定します。

この後、朝鮮からの応援要請が到着すると清側も出兵しますが、事態の拡大は求めませんでした。日清両国は、天津条約のルールに従って互いに公文で出兵について確認し合っていますが、ここでも清国側は戦争回避のメッセージを日本に送っています。

甲午農民戦争は、日清両国が介入したこともあって間もなく収束します。しかし、六月一五日に日本側は朝鮮の内政を日清共同で「改良」するという案を決定します。これに対して清国側は、内政改革は朝鮮政府が自主的に行うべきものであって、日本も撤兵すべき、との回答を寄せました。「ごもっとも！」と思わず言ってしまいそうな回答です。朝鮮政府も自主的な改革を希望していました。こうして日清両国の交渉は決裂します。一八九四年七月二三日、日本軍は朝鮮王宮（景福宮）へ侵入、戦闘を展開したのちこれを占領します。実態としては日本側が朝鮮に仕掛けた戦争というべきものでしたから、最近の研究ではこれを「七月二三日戦争」と呼ぶこともあります。

王宮占領という事態を背景に、日本は朝鮮から清国軍排除の要請を引き出すことに成功し、これを日清開戦の一つの口実にしてゆきます。七月二五日には、日本海軍が豊島沖で清国海軍と交戦、こうして日清両軍の本格的な戦争が開始されるに至ります。

さて、この経緯から、日清戦争が起こった最大の要因は何であったのか、みなさんも大よその予測が立てられたのではないでしょうか？　そうです。日清戦争は、①朝鮮の支配権をめぐる争いから生じたものであり、②日本側の積極的な領土獲得政策によって引き起こされた戦争であった、ということなのです。

## ◉終わりのみえにくい戦争

黄海海戦での勝利や平壌陥落《かんらく》など、日清戦争は日本優位のうちに進み、一八九五年四月には日本の下関で日清間の講和条約が締結されました。条約では、①台湾・澎湖諸島・遼東半島を日本に割譲する、②賠償金二億両《テール》を日本に支払う、といったことが決められ、③日本はアジアで唯一の植民地保有国となってゆく。この三点は、中学や高校の教科書でもよく取り上げられると思います。なんとなく、日清戦争がきっぱりと終わったかのような印象を受けますよね。しかし、日清戦争は新たな「問題」を生むことにもつながりました。

例えば、日本による台湾の植民地支配もその一つです。下関条約で台湾の割譲が決まったとはいえ、台湾にも元々暮らしている人びとがいます。いきなり「今日から台湾は日本の領土です。日本のために政治・経済を進める」といわれても、すんなりと人びとが納得するわけがありません。そもそも、植民地支配というのは支配する側(宗主国)が、搾取を行うためにに行うものですから、現地の人びとにとって「善い植民地支配」というものは存在しません。しかも、台湾では一九世紀から茶業と糖業を中心に開発が進んでいて、欧米との貿易も順調に増加しているところでした。つまり日本の植民地支配は、こうした台湾の自発的な発展を停止させるものに他ならなかった、ということになります。

このため、台湾では日本の植民地支配に反対する勢力が力を伸ばしてゆきます。日本側はこれを徹底的に弾圧するため、約七万六〇〇〇人の兵力を投入、一万四〇〇〇人もの中国人兵士や住民が殺害されたといわれています(原田『日清・日露戦争』)。さらに、台湾の高砂族《たかさご》の蜂起が続き、これが一九〇二年まで続きます。最近の歴史学では、日本側が台湾の人びとを屈服させるために行ったこの一連の戦争を、台湾征服戦争と表現しています。支配が新たな暴力を生んでゆく、ということがよく分かる事例です。

### ◉戦争から戦争へ――ロシアとの対立

さて、日清戦争は日本の勝利によって「終結」するのですが、朝鮮への支配権を確立する、という日本側の政策は、次の戦争を呼ぶことになります。ちょっと前に確認したことを思い出してみてください。そもそも、なぜ日本は朝鮮での支配権確立に拘《こだわ》ったのか。そう、ロシアの南下政策を警戒していたから、でしたね(これが「前史」なのです)。日清戦争に敗れたことで、朝鮮での清の勢力は大きく後退することになったので、清国は朝鮮支配をめぐる当面の当事者ではなくなったことになります。すると今度はロシアへの対応が日本にとっての差し迫った課題として浮上します。「ロシアが来る前に朝鮮支配を確立する→朝鮮支配を安定化させるために、さらに中国東北部(満州)にまで勢力を拡大する」という方向へと、日本は舵《かじ》を切ってゆきます。ここに、満州支配と朝鮮への影響力拡大を目指すロシアとの対立が顕《けん》在化《ざいか》してゆくのです。

しかし実際には、当時ロシア側は日本との戦争を望んではいなかった、ということが最近の研究で明らかにされています。具体的にいうと、①ロシア皇帝ニコライ二世が、日本とロシアの戦争は望まないし、この戦争を許さない、との方針を示していたこと（一九〇三年一〇月）、②日露の外交交渉では、ロシア側が日本側に対して大幅に譲歩して、満州でのロシアの利権を制限するという妥協案をまとめていたこと（一九〇四年二月二日）、③開戦時、ロシアは日本海軍の奇襲攻撃を受けて、抗議の宣戦布告を出すというありさまで、完全に受け身の姿勢であったということ。以上のようなことが指摘されているのです（原田『日清・日露戦争』、和田『日露戦争』上・下）。なお、この②にある、ロシア側の譲歩案は、外交交渉を担っていた東京のローゼン駐日公使に届きませんでした。開戦を見越して、日本軍が満州地域で電信線を破壊したためではないか、との推測もあります。要するに、日露戦争は絶対不可避の戦争とは言えませんでした。

一九〇四年二月四日、御前会議（重大政策を決定する天皇臨席の会議）は開戦を決定、日本軍は韓国に派兵して、日韓議定書（同年二月）や第一次日韓協約（同年八月）を成立させます（なお朝鮮では、一八九七年から大韓帝国の国号が用いられていました）。これによって、韓国は日本の干渉・制限を受けることになりました。日本はロシアに対する宣戦布告で「韓国の保全」などのために戦うのだと説明していましたが、ここまでの経緯からも分かるように、日本側の真の目的は、朝鮮を支配下に置き、保護国とした上で、これをロシアに認めさせることにありました。日露戦争は「朝鮮戦争」として始まったのです(和田『日露戦争』下)。

日本側は日本海海戦や奉天会戦など、いくつかの戦役《せんえき》で勝利しますが、国力は限界に達し、一方のロシア側でも「血の日曜日」事件など革命運動高揚の兆しがみられたことから、両国は講和へと動き出します。こうして、アメリカのセオドア・ローズヴェルト大統領の斡旋によって、講和会議が開催されることとなりました。ここで日本は、①北緯五〇度以南の樺太《からふと》、②旅順・大連の租借権、③長春・旅順間の鉄道とその付属権益などを獲得していま す。しかし、日本側の「辛勝」というのが実態でしたから、賠償金は放棄されました。

なお、講和会議に際して日本政府が交渉に向かう全権に示した訓令には、「絶対的必要条件」として、「韓国を全然我が自由処分に委《い》することを露国に約諾せしむること」という条件が記載されていました(『松本記録　閣議決定書輯《しゅう》録』第四巻)。日本が韓国を「自由処分」することをロシアに認めさせる、それが日本側の絶対条件だったのです。

### ◉日清・日露戦争は、第一次・第二次朝鮮戦争?!

さて、ここまで日清・日露戦争が発生した経緯を追跡してきました。近代日本が最初に経験した二つの大きな対外戦争に共通していた点は、何でしょうか？　そう、これらの戦争の共通点（特徴）は、ともに朝鮮支配をめぐる戦争であった、ということなのです。「日清」「日露」と聞くと、日本と清、日本とロシアしか見えてきません。でもこれは日本による領土獲得のための、帝国主義戦争であって、根幹には朝鮮支配という目的がありました。最近の歴史学では、日清戦争を第一次朝鮮戦争、日露戦争を第二次朝鮮戦争として把握するべきである、という意見が出されています（原『日清・日露戦争をどう見るか』）。

第一次・第二次朝鮮戦争として日清・日露戦争を捉えると、二つの戦争とその後の日本の歩みがつながっている、ということをよく理解できるようになります。日露戦争からその後の朝鮮支配をめぐる日本の動向を整理すると、①第一次日韓協約（一九〇四年八月。日本人を韓国政府に顧問として送り込む）→②第二次日韓協約（一九〇五年一一月。統監府を設置して、日本側が韓国側の外交権を接収する）→③第三次日韓協約および付属書（一九〇七年七月。日本側が韓国の内政権を奪い、軍隊も解散させる）→④韓国併合条約（一九一〇年八月。韓国を日本の植民地とする）、という流れをとらえることができます。いずれも日本の軍事力を背景としながら、調印を強要したものであり、韓国側は激しく抵抗しています。また、そもそも第二次日韓協約で韓国は外交権を奪われていましたから、日本は外交権のない韓国と併合条約を締結したことになります。当時、韓国側の外交権は日本の手中にありましたから、日本はいわば「自作自演」で併合条約を締結した形です（和田『韓国併合110年後の真実』）。

こうした強引な植民地支配は、第一次朝鮮戦争（日清戦争）と第二次朝鮮戦争（日露戦争）という「前史」があって、その延長線上で起こってくる、ということなのです。

## ◉戦争や植民地支配を支えたもの

では、日清・日露戦争や朝鮮・台湾への植民地支配を推し進める「要因」とは何だったのでしょうか。これまでみてきた経緯を思い出しながら、考えてみましょう。

まず、「力を背景にして領土を拡張する」、という考え方が明治初期から日本側にあり、この発想に基づいて、次々と戦争が引き起こされていったという点。これは、典型的な帝国主義にたったやり方といえます。つまり、帝国主義という考え方が、戦争の根本原因の一つになってくるということを押さえておく必要があります。

また、戦争はこれに協力する政治と社会の存在があって初めて遂行される、ということも重要です。日清戦争の時も、帝国議会はほとんど無批判で戦争を称賛し、莫大な軍事費を認め、時には戦争への「感謝決議」まで行っていました。戦争を、文明進歩のためだとして正当化する報道が展開されたり、人びとによって献金運動が展開されたりするなかで、戦争熱が高まっていたという事実もあります。日露戦争でも、積極的に開戦を支持する者や、最初は及び腰でも、次第に戦争に馴致《じゅんち》していった者がいました（原田『日清・日露戦争』、同『日清戦争論』）。議会、メディア、民衆という、「戦争を支持した側」の問題も重要なのです。

## ◉問題の棚上げと本質を見抜く「眼」

しかし、日清・日露戦争について、日本の「戦争責任」の問題が議論されることはありませんでした。「勝利した戦争」という形で二つの戦争は片づけられていったというのが、日本政治・社会の偽らざる実態でした。戦争を引き起こした原因や、戦争を支持した人びとの問題について、詳しい点検が行われないまま、日本は次の戦争へと進んでいったのです（宇田川「近現代日本における戦争責任論の展開」）。

一方で、世の中が戦争一色になっても、問題の本質に目を凝らし、抗おうとする人びとがいたということも押さえておきましょう。例えば、日露戦争の時に『平民新聞』が非戦論・反戦論を展開していたことは有名です。植民地支配についても、一九一三年に三浦銕太郎《てつたろう》（東洋経済新報社主幹）が、支配に膨大な金銭的負担がかかることを具体的に示しながら、これを批判していました（成田『大正デモクラシー』）。どうやったら時流に流されず、合理的な判断を行えるか。これは歴史と「今」を考える際の重要なテーマです。

## 2　第一次世界大戦への参戦

### ◉「遠い銃声」と日本の参戦

次に点検しておきたいのは、第一次世界大戦への日本の参戦です（一九一四年八月）。この戦争に日本が参加した事実やその背景も、戦後日本では忘れられがちです。第一次世界大戦はヨーロッパで生じた最初の世界大戦です。この戦争は当時「欧州大戦」と呼ばれることが多かったのですが、この言葉の示すとおり、戦争勃発の場所も、主たる戦場もヨーロッパでした。日本にとっては「遠い銃声」のはずで、関係性が低いようにもみえます。なぜ日本は参戦したのでしょうか。また、なぜ日本の参戦や戦争にブレーキがかからなかったのでしょうか。

日本側の意図はどこにあったのか。これをよく示しているのが、元老・井上馨《かおる》の提言です。一九一四年八月、井上は「今回の欧州の大禍乱は、日本国運の発展に対する大正新時代の天《てん》祐《ゆう》にして、日本国は直ちに挙国一致の団結をもって、この天祐を享受せざるべからず」との考えを示しています。世界大戦は日本にとって「天祐」、つまり天の助けだというのです。井上は、イギリス、フランス、ロシアなどがヨーロッパ情勢にくぎ付けになっている間に、「東洋に対する日本の利権」を確立して、中国への勢力拡大をはかろうと考えていました(歴史学研究会『日本史史料[4]近代』)。具体的には、中国の膠州湾《こうしゅうわん》などを租借地としていた、ドイツに宣戦布告して参戦するという方法が採られてゆくことになります。これは、戦争に乗じて中国への勢力拡大を進めて日本の国際的な存在感を高めてゆくという、典型的な帝国主義政策でした。

### ◉宣戦をめぐる本音と建て前

でも、さすがに「中国で勢力を伸ばしたいから宣戦布告する」とは言えないわけです。国際社会に対する説明をする際にも、日本国内向けに参戦理由を説明する際にも、これでは説得力をもちません。

中学や高校の教科書でもよく出てくるように、この時に日本が参戦の口実にしたのが日英同盟です。イギリスが第一次大戦に参加していることを踏まえ、この同盟を用いることで日本も参戦する、というロジックですね。でも、これは相当無理のある主張でした。日英同盟については、自動参戦義務はなく、どうしても日本側が参戦しなければならないという状況ではありませんでした（井上『第一次世界大戦と日本』）。また、当のイギリスも日本の参戦には消極的で、日本が膠州湾を獲得することは好ましくなく、もし日本に行動を依頼する際には、海上に範囲を限定すべきだ、という考えがありました（斎藤『日独青島戦争』）。このような状況下、日本側は日英同盟の「広汎なる基礎の上」に参戦する、との説明を行うようになってゆきます（飯倉『第一次世界大戦と日本参戦』）。

一九一四年八月二三日、日本はドイツに対して宣戦布告、中国山東省にあったドイツの根拠地青島を攻撃して、一一月初旬にはこれを攻略します。ドイツへの最後通牒《さいごつうちょう》で日本は、「ドイツの膠州湾にある租借地を、中国に還付させる」としていましたが、日本側には、戦争によってドイツを駆逐した場合には、必ず領土を獲得できる、という思惑がありました（小林『総力戦とデモクラシー』）。

### ◉日本の動向を警戒する中国

第一次世界大戦が始まると、中国政府は日本側の野心を察して、中国領域内での交戦を禁止すると各国の公使に通告します（中立宣言）。これは、「陸戦の場合における中立国および中立人の権利義務に関するハーグ条約」（一九〇七年）などに基づく措置でした。この条約は、中立国の領土は不可侵とすることなどを規定しており、一九一一年に日本も批准していました。中国側は、当時発展しつつあった国際法に基づいて、日本側に抵抗したのです。しかし、日本側は中立宣言を無視する形で参戦に踏み切ります。日本の軍事行動が現実のものとなると中国は、中立除外地域を設定せざるを得なくなってゆきました（小林『総力戦とデモクラシー』）。

こうしたなか、中国側に突き付けられたのが二一ヵ条の要求です（一九一五年一月）。主な内容は、①山東省のドイツ権益を日本が継承すること、②旅順・大連の租借期限、ならびに南満州・安奉鉄道の権益の期限を九九年延長すること、③中国政府に政治・財政・軍事に関する日本人顧問を入れること、などでした。

①は、今回の日本側の戦争目的（あるいは「本音」）がはっきりと表れた内容といえるでしょう。②は日露戦争と深く関係する内容です。日露戦争を経て、日本はロシアが中国にもっていた旅順・大連の租借権や南満州鉄道の権益を引き継ぎましたが、その期限は一九二〇年代～三〇年代のうちに切れることになっていました。この期限を一挙に九九年延長させてしまおう、というのがここでの要求です。③については、中国側が激しく抵抗したこともあ

って実現しませんでした。

二一ヵ条要求は、中国への露骨《ろこつ》な内政干渉でしたから、中国政府は強く抵抗し、アメリカやイギリスも日本に反対しました。しかし、日本は五月七日に要求の一部を削除しつつも、中国政府に対して最後通牒を突き付けます。五月九日、中国側は圧力に屈して、日本側の要求のほとんどをのまされます。五月九日は、「国恥記念日」として、中国の人びとに記憶されてゆくことになります。

### ◉なぜ戦争は止められなかったのか

では、なぜ日本の強引なやり方が結果としてまかり通ってしまったのでしょうか。ここでは国外・国内双方の視点から、二つのことを確認しておきたいと思います。

一つめは、欧米諸国の態度です。確かに二一ヵ条要求については、アメリカやイギリスが反対の声を上げていました。しかし、欧米諸国には、自身の利益を最優先にして、アジアを二の次三の次にする発想があり、日本に対する本格的なブレーキがかかりにくい状況があった、ということも事実です。例えば、一九一五年七月、アメリカのセオドア・ローズヴェルト元大統領は、国際裁判所を創設する提案を行っていますが、ここで参加国として想定されていたのは「文明国」であり、アジアの人びとはほとんど念頭に置かれていませんでした(日本は想定内であったようです)(小林『総力戦とデモクラシー』)。さきほど少し述べた国際法も、戦争を防ぐ際には有力な材料になり得るのですが、当時の国際法は欧米諸国が主導して作ったものでしたから、彼らが植民地としていたアジアやアフリカを保護しようという発想は希薄でした(阿部『国際法の暴力を超えて』)。

一九一八年一一月、第一次世界大戦はドイツの敗北によって終結し、翌一九年にはパリ講和会議が開催されます。一九一七年八月、中国はドイツに宣戦布告していたので「戦勝国」の立場でこの会議に参加しました。しかし、中国が会議で受けた待遇は一等国から四等国のうち三等国扱い、議席数も二席でした(英仏米日伊は五席)。二一ヵ条要求の無効や、山東半島を五大国で共同管理する案を提起しましたが、受け入れられることはありませんでした(川島『近代国家への模索』)。

欧米諸国中心の国際社会のあり方は、被害を受けた中国やアジアの人びとの声を、無視・軽視することにつながっていました。

## ◉大正デモクラシーのもつ問題

もう一つは、大正デモクラシーをめぐる問題です。第一次世界大戦の頃、日本はちょうど大正デモクラシーの時代を迎えていました。論者によって、いつからいつまでを「大正デモクラシーの時代」とするかについては議論が分かれますが、日本近代史のなかで比較的民主的だった時代、という理解は共有されていると思います(坂野『近代日本政治史』、成田『大正デモクラシー』など)。「民主的」なのであれば、様々な立場の人びとの意見が政策に反映され、戦争にブレーキがかかりそう！と考えたくなりますが、実態はそうではありませんでした。

例えば、大正デモクラシーを理論家として支えた吉野作造も、「デモクラシー」を「民本主義」と翻訳していました。大日本帝国憲法(明治憲法)では天皇が元首であり主権者ですから、国民主権に基づく「民主主義」は実現できません。また、先ほどから度々登場している帝国主義の考え方は、当時の知識人の間にも深く浸透しており、吉野も二一ヵ条要求を、日本側の最少限度の要求だとして正当化していました(成田『大正デモクラシー』)。つまり、大正デモクラシーと戦争は、必ずしも矛盾するものではなかった、ということになります。

また、大正デモクラシーが全ての人びと《ひと》を均しく扱うものであっただろうか、ということも考えてみる必要があります。①まず近代日本では天皇が元首であり主権者です。そして、②吉野を含めて、多くの知識人たちが植民地支配を「当たり前」のものとして議論を展開していました。また、③植民地支配を受ける朝鮮・台湾への差別や、アイヌや沖縄の人びとへの差別が存在していました。さらに、④一九二五年に実現した普通選挙法も、「男子普通選挙法」であって、女性の声が国政に反映される余地はありませんでした。

つまり大正デモクラシーは、帝国主義や人種差別（レイシズム）を前提とするものであり、かつ、日本人男性を頂点とした「帝国の序列」に基づいた「デモクラシー」であった、ということになります。植民地帝国を容認し、前提とするデモクラシーを「インペリアル・デモクラシー」と呼ぶことがありますが（小林『総力戦とデモクラシー』）、日本の大正デモクラシーも、「インペリアル・デモクラシー」としての側面をもっていたといえるでしょう。これは、戦争や暴力への本格的なブレーキには、なりにくい仕組みでした。一九二三年九月一日に起きた関東大震災では、朝鮮人や中国人などへの虐待・虐殺が行われましたが、これは、「インペリアル・デモクラシー」のなかで、「当たり前」のものとして日本社会に根差してしまった、アジアの人びとへの差別意識があって引き起こされたものでもありました（山田『関東大震災時の朝鮮人虐殺とその後』）。

このように、第一次世界大戦や大正デモクラシーの時期にも、戦争や暴力を支えてしまう発想や仕組みは、日本で確実に拡大・定着していました。なお、第一次世界大戦に対する日本の戦争責任も、当時の日本社会ではきちんと議論されないままでした（宇田川「近現代日本における戦争責任論の展開」）。

## 3　満州事変から日中戦争へ ―― 戦争が戦争を呼ぶ

### ◉第一次世界大戦が終わって ―― 次の戦争への「前史」

第一次世界大戦は、二〇〇〇万人の死者を出す、それまで人類が経験したことのない被害をもたらしました。戦争が長期化して、国家がヒト、モノ、カネを最大限動員し総力を上げて戦う戦争、つまり「総力戦」となったことがこの一因です。潜水艦や戦車といった新たな兵器が生産・導入されたことで、被害は雪だるま式に膨れていったのです。

こうした凄惨《せいさん》な経験をした人類は、戦争を避けるための仕組みづくりが必要だと考えるようになりました。戦争を違法とする考え方（戦争違法観）や、侵略戦争を引き起こした指導者の責任を問うべきだとする考え方（指導者責任観）が登場し、一九二八年には国家政策としての戦争を違法とする不戦条約が成立します。各国が保有できる軍備を制限する、軍縮条約が結ばれていったのもこの頃です。

しかしこうした取り組みが進んだ一方で、この時期にも、日本で次の戦争への「予兆」がみられるようになっていたことも事実です。一九二二年と二五年に行われた日本陸軍の軍縮では、人員や部隊の縮減が行われましたが、ここで余った予算は毒ガスなど、新兵器の開発に回されているのです(吉見『毒ガス戦と日本軍』)。

また、総力戦という新たな事態への対応も、その後の日本の針路を大きく左右しました。総力戦を遂行するためには、石油やゴムなどの天然資源が欠かせません。しかし、日本は重要資源の多くを欧米からの輸入に頼っているため、どのように対応するかが問題でした。ここで、いくつかの対応方法が模索されることになります。

一つめの対応方法は、資源不足を補うべく新兵器を開発する、というものでした。この代表例が細菌兵器です(最近は「生物兵器」といいます)。日本陸軍の軍医だった石井四郎《いしいしろう》は、一九三〇年にヨーロッパへの視察から帰国すると、ヨーロッパ列強が細菌戦の準備をしていることや、細菌戦が資源不足の日本にとって都合の良い兵器であることを、陸軍上層部に訴えていきます(伊香『満州事変から日中全面戦争へ』、常石『七三一部隊全史』)。石井はのちに関東軍第七三一部隊の隊長となって、細菌兵器の開発と使用を主導してゆくことになります。七三一部隊では、中国人などに対する大規模な人体実験が行われています。細菌兵器の使用や人体実験は、当然国際法違反です。

もう一つの総力戦への「対応策」は、なんと「精神力で補う!」でした。一九二八年、日本陸軍では「歩兵操典」(兵士が携行する、歩兵の訓練や戦闘方法などを記した文書)が改定され、精神力で勝利するという内容が加わります。弾薬を節約しつつ、夜間に白兵《はくへい》突撃を行うというのがここでの戦術です(井上『第一次世界大戦と日本』)。

## ◉続く中国侵略と反対する声

中国では、二一ヵ条の要求など、露骨な侵略を繰り返す日本に対して反感が高まっていました。「日本の侵略に対して民族をあげて抵抗してゆかなければならない」という機運が高まり、中国のナショナリズム(民族の一体性を重視する考え方)が勢いを増してゆきます。侵略に抗う、という切実な想いを土台としたナショナリズムです。

しかし日本側は、中国でのナショナリズムの高まりという事実を、一貫して無視・軽視してゆきます。当時日本では、日露戦争後に中国東北部に得た租借地や、南満州鉄道とその付属地が、不可欠のものだと考えられるようになっていました。これらの権益を守ることが、日本の不動の方針となっていたのです。

一九二八年六月四日には、河本大作（陸軍大佐・関東軍参謀）が、中国の北京政府の支配者である張作霖《ちょうさくりん》を奉天近郊で爆殺する事件を起こします（張作霖爆殺事件）。河本は、これを中国（国民党関係者）の仕業と見せかけて、満州を日本の支配下におこうとする計画をもっていましたが、日本政府や関東軍司令部が部隊の出動を認めなかったため、河本の計画は失敗しましたが、「武力を用いて権益を確保する」という進め方は、のちの満州事変の原型、あるいは「前史」ともいえるものでした。

一九二九年、世界恐慌が起こり、翌三〇年の春には昭和恐慌となって日本を襲います。日本国内では、眼前の貧困問題を「解決」する手段として、武力侵出を肯定する空気がいっそう強まっていきます。戦争は、人の生活や心に余裕のない時にやってきます。

## ◉流されず、問題をみつめる人びと

しかし、こうした帝国主義的なやり方に反対する人びともいました。例えば、東洋経済新報の石橋湛山《いしばしたんざん》もその一人です。一九二一年、石橋は「一切を棄つるの覚悟」、「大日本主義の幻想」といった社説を次々と掲載、日本の植民地や支配地域を放棄することを訴えています。こうした地域を日本が放棄し、「自由主義」を採用してゆけば、イギリスやアメリカは世界における「道徳的位地」を保つことができなくなり、「世界の小弱国」は一斉に日本に信頼を寄せるようになる、というのが石橋の考えでした。石橋は朝鮮、台湾、関東州の三地域と日本の貿易額を提示しつつ、大きな利益を生んではいない、との指摘も行っています(松尾『石橋湛山評論集』。ただ、石橋の議論は、「経済的に利益を上げるのであれば植民地支配をしても構わない」ととられかねない弱点ももっていました)。

## ◉満州事変の拡大

一九三一年九月一八日、関東軍は奉天郊外の柳条湖で南満州鉄道を爆破して、これを中国軍の行ったものだとして武力を発動、満州の主な都市を占領していきました(満州事変)。当初、若槻《わかつき》礼次郎内閣は不拡大方針を採っていましたが、占領地域が拡大してゆくと、現地軍の行いを追認してゆくことになります。一九三二年三月には、溥儀《ふぎ》を執政とする日本の傀儡《かいらい》国家、「満州国」の建国が宣言されます。事実上の戦争を経て、中国に日本が勝手に「国家」を作ってしまったのですから、これは当時の国際法に照らしても大問題です。

本来「事変」とは、警察力で鎮圧できない争いなどを指します。従って、「満州事変」は本来「満州戦争」と呼ぶべき規模のものでした。事実上の戦争なのに、これを「事変」だとして実態を覆い隠してゆく。「事変」は、こうしたちょっとクセのある用語ですので、この点をよく覚えておいてください(日中戦争をみる際にも大切になります)。日本は満州事変を「自衛」だとして正当化してゆきます。

## ◉社会が戦争を煽る

次に、当時の「社会の空気」についてみてみましょう。当時の日本では、政府や軍によって厳しい言論統制が行われていたので、正確な情報が人びとに行き渡りにくい状況がありました。とはいえ、戦争に熱狂し、積極的に戦争を支持した人びとが沢山いたことも事実です。満州事変の発生直後から、大新聞は一致して戦争熱を煽《あお》り、国民一般も戦争熱・排外主義にとらわれていきました。日本軍の軍事行動を自衛とはいえないと判定したリットン報告書についても、大新聞は競ってこれをこき下ろしています(吉見「満州事変論」)。

また、憲兵隊(日本陸軍が設置した軍事警察)による報告「満州事件に対する反響内査の件報告」(一九三一年九月二三日付)にも、「ほとんど皆軍部の態度を支持しあり」との記載があり、当時の社会が軍部を支持してゆく様子が記されています。この報告書によれば、自ら軍隊への召集を願い出る人や、中国を徹底的に「膺懲《ようちょう》」(懲らしめること)して、権益を確保せよと主張した人が少なくなかったとのことです(藤原・功刀『資料　日本現代史　8』)。

満州事変以降、日本で戦争熱が高まるなか、戦争に協力しない者を村八分にするケースや、逆に、戦争に協力して出世したり、社会で活路を見出したりするケースが出てきます。

教育学者の広田照幸は、戦時期の日本では「滅私奉公」ならぬ「活私奉公」ともいうべき構図があったと指摘しています。例えば、「国のため」という大義名分の下で戦争に協力して、立身出世してゆくケースなどがこれにあたります(広田『陸軍将校の教育社会史』下)。立身出世の仕方は様々です。町内会で兵士を送り出す行事を主宰し、自分のリーダーシップを誇示する、軍隊に行って出世して、ちょっとした村の英雄になるなど、実に多くのやり方がありました。戦争や暴力はこうした草の根の協力によって支えられていました。

## ◉生きることが否定される社会

こうしたなか、「戦争で死ぬこと」を美化する風潮が広がります。満州事変のさなか、中国側の捕虜になった空閑昇《くがのぼる》(陸軍少佐)が自死すると、日本ではこれを礼賛する報道がたくさん展開されてゆきます。空閑の自死が称賛されればされるほど、戦死や自死を美化する空気が広まってゆきます。

戦死や自死が「社会のお手本」とされるようになると、捕虜となって帰国することや、あるいは捕虜となること自体を忌避《きひ》する考え方が「当たり前」のものとなってゆきます。「捕虜は生きていてはならない人」との見方です。こうした考えは、兵士が降伏すること、そして生きることを難しくしました(宇田川「日本人捕虜の終わらない戦争」)。「戦争を支えることは当たり前」、「戦争に協力しない者は許さない」という社会の考え方が、満州事変によって強固なものになっていったのです。

## ◉戦争から戦争へ――日中戦争の勃発、そして拡大

満州事変自体は、日中間で塘沽《タンクー》停戦協定(一九三三年)が締結されてひと段落となりましたが、その後も華北を中国の施政権下から切り離そうとする華北分離工作が進められてゆきます。北京周辺や華北でも日本の影響力を強めてゆく。これが日本側の考えでした。

一九三七年七月七日、北京郊外の盧溝橋《ろこうきょう》で日中両軍が衝突し、これをきっかけとして日中戦争が勃発します。当初戦場は華北でしたが、戦火は瞬く間に華中にも及びました。日本側はこの戦いを「支那事変」と称してゆきます。そう、ここでも「事変」の用語が出てきます。日本側がこの戦争を「事変」だと主張した背景には、アメリカの「中立法」というルール

の存在がありました。中立法とは、大統領が戦争状態にあると判断した地域に対しては、軍需物資を提供しない、というものです。当時、日本は石油など重要資源の多くをアメリカからの輸入に頼っていましたから、中立法が適用されればこれらの産品が日本に入ってこないということになります。石油などがなければ、戦闘機も軍艦も鉄くず同然です。このため、日本側はあくまでも中国との戦争を「事変」だと主張、中国への宣戦布告の手続きも行いませんでした。日中戦争は「宣戦布告なき戦争」となったのです。

それまで中国では、国民党と共産党とが対立し、内戦状態が続いていましたが、日本軍の中国侵略の激化を受けて、「抗日」という目的で合致、抗戦体制を構築してゆきました。中国側の激しい抵抗によって日本側にも多くの死傷者が出ましたが、日本軍は侵攻を続け、一九三七年一二月には中国の首都南京を占領します。この際、日本軍は中国の人びとに対して大規模な虐殺、虐待、レイプなどを行い、国際社会から厳しく批判されました(南京事件)。

## ◉なぜ日中戦争は拡大してしまったのか

日中戦争は盧溝橋事件直後の段階で、一度現地で停戦協定が成立していましたから、止めようと思えば拡大を止められる戦争でした。

停戦協定が成立した頃、日中戦争をめぐって日本で二つの路線対立が生じます。一つは不拡大派、これは将来のソ連との戦いを予測して、今は中国との戦争は避けておきたいと考えた人びとです。もう一方は拡大派で、中国側は簡単に屈服するだろうから、この際戦争を全面化させてしまえ、という方針でした（臼井『新版　日中戦争』）。このうち拡大派が勝利を収め、これが日本の方針となってゆきます。戦火が拡大してゆくと、当初不拡大方針だった政府もこれを追認してゆくことになります。政府は中国への日本軍の増派を「自衛権の発動」だと正当化しました。このお話の流れ、どこかで聞いたことがあると思いませんか？　そう、満州事変の時と同じ構図なのです！　①現場で戦火が拡大してゆくと、それを政府が追認してゆく、②自衛権を拡大解釈して侵略を正当化する、という二つの構図です。日中戦争全面化の過程は、既視感のあるものでした。

## ◉中国をみる日本人の眼

人は、必ず自分のなかにある「認識」に基づいて行動します。さあ、ここで思い出してみてください。大正デモクラシーの特徴とは何であったのか……。そう、人種差別や帝国主義を前提とする「インペリアル・デモクラシー」でしたね。日中戦争開戦時の大蔵大臣、賀屋《かや》興宣《おきのり》も、明治以来蔓延《まんえん》してきた中国に対する蔑視について、日清戦争後、「日本は非常に強い、日本人は偉い、支那人〔中国人を意味する差別語〕は弱い、だめだ。こういうふうに簡単に思い込む」という傾向があって「この支那人軽侮の思想が後に非常に日本に禍いしているのではないか」と指摘しています（賀屋『戦前・戦後八十年』）。拡大派が勝利してゆく背景には、こうした中国への差別意識がありました。

二一ヵ条要求や華北分離工作など、引き続く日本の侵略が、中国の人びとのナショナリズムを高揚させ、強固な抵抗を生んでいる、という認識は、日本側にはほとんどありませんでした。しかし、首都南京が陥落しても中国側は屈服せず、国を挙げた抵抗を続けてゆきます。日中戦争で日本は大規模な兵力動員を続け、国民総生産（GNP）に占める軍事費の割合も、一九三七年度に四・三六％であったものが、三八年度には二二・五九％へと急拡大します（山田『軍備拡張の近代史』）。日本の兵力動員や国力はもはや限界に達していましたが、それでも日中戦争を終結させる見通しは立ちませんでした。中国に対する誤った認識が、楽観的で場当たり的な戦争指導を生んだのです。

## ◉戦争犯罪の激増

戦争にもルールがあり、戦時に守るべき国際法が「戦時国際法」と呼ばれます。捕虜の虐待などを禁止する「陸戦の法規慣例に関する条約」(および付属書)(一九〇七年)などがこれにあたります。戦時国際法に違反する行為が「戦争犯罪」です。

日中戦争の拡大とともに、日本軍による戦争犯罪は増加の一途をたどりました。第一次世界大戦後から開発が進んでいた毒ガスや生物兵器も、日中戦争で本格的に使用されました。毒ガスも細菌兵器も、捕まった中国の人たちを対象にした人体実験が行われていました(吉見『毒ガス戦と日本軍』、常石『七三一部隊全史』)。これら兵器の使用は、国際法に違反するものです。七三一部隊による人体実験では、三〇〇〇人以上の人びとが犠牲になったといわれています(『公判記録——七三一細菌戦部隊』)。

また、戦線拡大とともに中国全土で捕虜に対する虐待や住民虐殺が増加してゆきます。先にみた南京事件では十数万以上の人びとが虐殺されたと推計されており、また、女性に対する大規模な性暴力が行われたことも判明しています(笠原『南京事件』)。当時、外務省東亜局長だった石射猪太郎《いしいいたろう》は、「南京入城の日本軍の中国人に対する掠奪、強姦、放火、虐殺の情報」を現地の外交官から受け取り、慨嘆《がいたん》したと戦後回想しています。石射は、南京に駐在していた外国人が組織する、「国際安全委員」から寄せられた報告書に「六十余歳の老婆が犯され、臨月の女も容赦されなかった」といった事例が記載されているのをみて、「殆《ほと》んど読むに耐えないものであった」と記しています（石射『外交官の一生』）。

なお、性暴力は、日本によって組織的に展開されたものでもありました。日中戦争が拡大するなか、たくさんの日本軍「慰安婦」（軍人などの性の相手をさせられた女性たち）が動員されてゆきます。動員方法については、「慰安婦」だとは告げられず、騙《だま》されて連れてゆかれるケースや、暴力的に連れてゆかれるケースなどが確認されており、女性の意思に反した様々な強制が行われたことが、多くの史料や聞き取り調査によって明らかにされています。国外移送のために人を騙して連れてゆくことなどは、当時の日本の刑法でも違法です（第二二六条）。「慰安婦」の動員には、現地部隊だけではなく、陸軍省、内務省、朝鮮・台湾の総督府など、日本の中枢機関が関わっており、特に軍が大きな役割を果たしていました。「慰安婦」の総数は、アジア太平洋戦争の時期も含めると、約五万〜二〇万人と推計されています（吉見『従軍慰安婦』、同『日本軍「慰安婦」制度とは何か』）。

戦争終結直後に中国側がまとめた資料によれば、日中戦争期の中国側の死者数は、軍人が一九一一万九八〇人、市民が七五七万三六二七人でした（伊香『満州事変から日中全面戦争へ』）。

中国ははかり知れない被害を蒙《こうむ》ることになったのです。戦争を止められるタイミングがあったにもかかわらず、日本側が積極的に出兵を続けていたこと、日本軍によって、おびただしい数の戦争犯罪が行われたこと。これらの事実は、日中戦争が日本による明白な侵略戦争であったということを物語っています。

## ◉戦争犯罪を引き起こす原因

では、どうしてこれだけ大規模な戦争犯罪が生じてしまったのでしょうか。いくつかの重要証言・資料を確認してみましょう。日中戦争に従軍して、中国人を刺突《しとつ》する訓練（初年兵など、戦場経験の浅い者に中国人の住民や捕虜を銃につけた銃剣で刺殺させる訓練のこと）に参加させられた近藤一は、次のように回想しています。「二名の無抵抗の中国人を刺し殺しても、「たかだかチャンコロ（中国人に対する蔑称）を殺したに過ぎない」という意識しかないわけです。軍隊だけの教育でそうなったのではなく、小学校からの教育の積み重ねで、中国に対する差別意識があって、それに行動が対応していったのです」（内海・石田・加藤『ある日本兵の二つの戦場』）。この証言は、日本側のアジアや中国に対する差別意識が、戦争犯罪を引き起こしていく要因になっていたことをよく示しています。

陸軍の法務関係の最高責任者であった、大山文雄《あやお》（元陸軍省法務局長）も、戦後の法務省の聞き取りのなかで、戦争犯罪が多発した原因の一つとして、中国人に対する「蔑視の気持ち」を挙げています（法務大臣官房司法法制調査部「大山文雄氏からの聴取書」）。「相手を同じ人間としてみられるか」が、戦争犯罪が発生するか否かを分けた、といえそうです。

ここでもう一度大正デモクラシーのことを思い出してみましょう。大正デモクラシーには、インペリアル・デモクラシーとしての側面があって、民族差別や女性差別が前提とされていました。中国で日本軍が引き起こした、住民・捕虜の虐殺や、女性に対する性暴力は、もともと日本社会にあったこうした差別の構造が引き起こしたものでもある、という点は見逃せません。戦争犯罪の原因を考えることは、社会や日常生活のなかに、暴力を後押ししてしまう要素がありはしないか、を考えることとつながっています。

## 4　アジア太平洋戦争と日本の敗戦

### ◉開戦までの道のり

日中戦争の展開は、次第に日本と欧米諸国の深刻な対立を生じさせました。一九三八年一一月三〇日、御前会議は中国にある外国権益を制限する決定を行います。日本のアジアにおける権力拡大は、欧米諸国を排除する段階に入ったのです(森「大陸政策と日米開戦」)。

日中戦争終結の見通しを完全に失っていた日本は、第二次世界大戦勃発後、破竹《はちく》の勢いでヨーロッパ各地を支配していったドイツと同盟を結んで、一挙に問題を解決しようともくろみました。①植民地とされている東南アジア各地を奪い、中国を支援しているイギリスを弱体化させる、②英米などの対中国援助物資の補給路を遮断して、日中戦争を解決する、③ドイツの勝利に便乗して、東南アジアを手中に収めて自身の経済圏を確立する。このような方針がとられたわけです(吉田『アジア・太平洋戦争』。日独伊三国同盟は一九四〇年九月成立)。

でも、このプランはちょっと問題がありそうだと思いませんか……? そう、もしドイツが劣勢に立たされれば、このプランはたちまち崩れ去るという根本的な欠陥があったのです(実際、ドイツの勝利は長続きしませんでした)。

一九四〇年九月、日本軍はフランス領インドシナ北部(フランス領インドシナとは、現在のベトナム、ラオス、カンボジア、中国広東《カントン》省湛江《たんこう》市にあたります)に進駐します。東南アジアを侵略しようという日本側の意図を察知して、アメリカは鉄鋼・くず鉄の日本への輸出を禁止します。経済制裁で日本の南進を阻止しようとしたのです。日米関係が悪化したため、一九四一年四月から、日本とアメリカは衝突を避けるための外交交渉をスタートさせます(日米交渉)。

しかし日本側は、七月二八日に今度はフランス領インドシナ南部に進駐します。これは、日本が東南アジア侵略のための航空基地や海軍の根拠地を獲得したことを意味しました。これで、シンガポール(当時はイギリス領)とフィリピン(当時はアメリカ領)が、日本の空爆圏内に入りました。これに激怒したアメリカは、日本への石油輸出を全面的に禁止します。普通なら、ここで譲歩に入ることを考えそうなものですが、当時の日本では、「このままでは石油の供給を絶たれてジリ貧となってしまうから、その前にアメリカとの戦争を決意するべきだ」という主張が現れるようになっていきました。日本は、アジア随一の軍事大国でしたが、軍事大国として自立するための資源を米英からの輸入に頼るという、二面的な帝国主義の国でした(江口『十五年戦争小史』)。従って、アメリカを相手にして戦争をすることは、極めて無謀なことでした。

日米交渉の最大の争点は、日本軍が中国から撤兵するか否かという点にありましたが、日本側はこれを最後まで拒否し、とうとう日米開戦の事態となりました。一九四一年一二月八日、マレー半島(当時はイギリス領)に日本軍が上陸を開始、これに続いて、日本海軍がアメリカ艦隊の停泊するハワイ真珠湾を空襲し、アジア太平洋戦争が勃発しました。日中戦争の段階ですでに国力が限界に達していた日本にとって、これはあまりにも無謀な開戦でした。対米開戦の際、日本は開戦後の財政・金融に関する合理的な見通しも全くもっていませんでした(宇田川『東京裁判研究』)。

## ◉戦争の性格をつかむ

それでは、アジア太平洋戦争はどのような性格をもつ戦争であったといえるのでしょうか。ここではちょっと視野を広げて、国際法、日本側の政策決定、戦争の被害、という三つの観点から考えてみたいと思います。

まず、開戦経緯についてみてみましょう。当時、日本も批准していた「開戦に関する条約」(一九〇七年)は、戦争を開始する際には相手方に必ず事前通告を行うよう求めています。しかし、マレー半島上陸について日本側は、イギリス側に事前通告をしていませんし、攻撃後も通告をしていません。また真珠湾攻撃も、日本側がアメリカ側への通告を行う前に攻撃が開始されています。真珠湾攻撃が始まった後、日本がアメリカに交付した文書も、「日米交渉を打ち切る」という意味の文言しかなく、開戦を告げるものにはなっていませんでした。イギリスとアメリカに対する戦闘行為は、明らかに「開戦に関する条約」に違反するものでした(吉田『アジア・太平洋戦争』)。日本からアメリカに交付された文書については、当時も、国際法や外交史の専門家から、これを開戦宣言と解釈することは困難である、との意見が出されています(外務省条約局第二課『大東亜戦争関係国際法問題論叢』)。

「中国侵略は止めない」、「東南アジアを支配するために開戦する」。このような主張は、不戦条約などの国際法に違反することになるのでできません。日本側は、「本音」を封印しながら戦争目的を示してゆく必要がありました。日本が対米開戦を実質的に決意するのは、一九四一年一一月五日です。しかし、一一月二日に行われた、東条英機(首相・陸軍大臣)から天皇への説明では、戦争の大義名分は「目下研究中でありまして、いずれ奏上致します」とされていました(参謀本部『杉山メモ』上)。つまり、開戦を決意する直前の段階でも、戦争目的を定めることができていなかったのです。このの日本は、①米英に対する「自衛」、②アジアの解放、といった戦争目的を掲げてゆきますが、これらが後付けのものであったことは明らかです(吉田『アジア・太平洋戦争』)。

一方で、日本の「本音」を反映した具体的な計画も練られていました。一九四一年一一月二〇日に決定された「南方占領地行政実施要領」は、日本軍が東南アジアを占領した際の方針を次のように定めています。①「重要国防資源」を獲得すること、②「国防資源」を獲得し、現地軍が自活してゆくため、占領される人びとの「民生〔人びとの生活〕に及ぼさざるを得ざる重圧はこれを忍ばしめ」ること、③「現住土民」に対して、日本軍に対する「信倚《しんい》観念〔信じて頼ること〕」を「助長」するように指導して、現地の人びとによる「独立運動は過《か》早《そう》に誘発」しないようにすること。主な内容は以上の三点です。

この文書からは、日本側の戦争目的が資源獲得にあったことや①、資源獲得に伴って、現地の人びとの生活に加わる「重圧」は我慢させる方針であったこと②が分かりますね。また、「土民」は人びとを見下す差別語ですから、この文書の背景（前提）に日本のアジアに対する差別意識があることや、日本の資源獲得に不都合な、現地の独立運動はできるだけ起こさせないようにする、という考えであったことも③から窺うことができます。日本にとってアジア太平洋戦争は、どこまでも資源獲得のための戦争でした。

### ◉戦争の被害をみる

アジア太平洋戦争の開戦は、戦場が中国からアジア太平洋全域に拡大することを意味していました。捕虜虐待、住民虐殺、性暴力など、中国で行われていた戦争犯罪が、今度はアジア太平洋各地で繰り返されてゆきます。

資料の散逸、戦闘や戦後の混乱もあって、被害の実態を正確に把握することは難しいのですが、各国の政府の公表データに基づくと、次のような死者数が浮かび上がります。

- 日本：三一〇万人
- 朝鮮：約二〇万人
- 中国：一〇〇〇万人以上
- 台湾：三万人あまり
- フィリピン：約一一一万人
- ベトナム：約二〇〇万人
- タイ：詳細不明
- ビルマ：約一五万人
- マレーシア・シンガポール：一〇万人以上
- インドネシア：約四〇〇万人
- インド：約一五〇万人
- オーストラリア：一万七七四四人

・連合軍将兵・民間人・捕虜：約六万数千人（オーストラリアの死者約八〇〇〇人と重複）

（以上、歴史教育者協議会『日本社会の歴史』下）

なお、日本の死者数のなかには、植民地だった朝鮮・台湾の軍人・軍属約五万人が含まれています。また、中国の死亡者数は満州事変からアジア太平洋戦争にかけてのものです。死亡者数だけで被害の重みを判断することはできませんが、日本以外のアジアの人びとがこの戦争の最大の被害者である、という事実は動きません。

①アジア太平洋戦争が国際法に違反する形で開戦されていること（開戦経緯）、②真の戦争目的が資源の獲得にあったこと（戦争目的）、③最大の被害者がアジアの人びとであったこと（被害）、これらの点を踏まえると、アジア太平洋戦争は、違法な戦争であり、また、侵略戦争であったということが明らかとなります。

**◉開戦や戦争拡大の原因を考える**

最後に、アジア太平洋戦争の開戦や、戦争の拡大を防ぐことができなかった原因を考えておきましょう。

一つめは、日本の政治システムについてです。特に、戦前・戦中の日本で、軍隊を指揮・統率する統帥権《とうすいけん》が独立していたことは大きな意味をもちました。統帥権は天皇がもつとされており、これについて内閣や議会が口をさしはさむことは許されませんでした。こうなると、内閣は軍部をコントロールすることができなくなります。しかも明治憲法では、各国務大臣が天皇を直接輔弼《ほひつ》（補佐・助言）することになっていたので、首相の権限もそれほど大きなものではありませんでした（岩波新書編集部『日本の近現代史をどう見るか』など）。例えば、外交については外務大臣が、財政については大蔵大臣が天皇を補佐する、という形ですね。各省の分立に拍車がかかり、政治・経済・外交を幅広く分析して、総合的な決定を行ってゆくということが、当時の日本では充分に行われていなかったといえるでしょう。これは、開戦か否かを決める際にも例外ではありませんでした。

また、大正デモクラシー（インペリアル・デモクラシー）のところで確認した通り、日本の政治・社会では、日本人男性以外の者の声が、国政に反映されにくいという問題もありました。多様な意見に基づき、幅広い視点から重要決定を行うことは極めて困難でした。

二つめは、責任を回避しようとする、組織の「面子《めんつ》」をめぐる問題です。アメリカやイギリスとの戦争は、太平洋をまたぐ戦争なので、開戦に際しては特に海軍の意見が重みをもちました（大量の兵が、艦船なしに歩いて太平洋を渡るわけにはいきません）。しかし、海軍が対米開戦を止めることはありませんでした。元海軍少将の栗原悦蔵《えつぞう》は、戦後法務省のインタビューに対して、海軍は日中戦争以来、国民に対して「無敵艦隊」「南進南進」を吹き込んできた手前、徹底した非戦論を唱えなかった、と証言しています（法務大臣官房司法法制調査部「元海軍少将（軍令部第四課長、動員）栗原悦蔵氏からの聴取書」）。

また、東条内閣の書記官長だった星野直樹によれば、岡敬純《たかずみ》（海軍省軍務局長）も、戦争には反対だが、「永い間アメリカを相手に軍備をやってきた海軍として、今更アメリカに対して戦は出来ないとはいえない」と語っていたとのことです（法務大臣官房司法法制調査部「元満州国総務長官　企画院総裁　内閣書記官長星野直樹氏からの聴取書（第四回）」）。

本当は反対意見を述べるべきだが、これまでの主張と矛盾するから黙認する。こうした組織と面子の問題が、開戦という重大な場面でも影を落としていました。

## ◉同調圧力

さらに、社会のもつ「空気」も重大な問題でした。

戦艦「大和」の乗組員だった中谷健祐《なかたにけんすけ》は、上官による不条理な「制裁」（樫《かし》の棒で殴るなど）

に耐えかねて、脱走することも考えたといいます。しかし、中谷は次のような事情から思いとどまったそうです。

まあ、僕はいいんじゃね、脱走したら銃殺になるんじゃけね。どうせ殺されるんだけど、家族、親がおるでしょうが。〔中略〕

そりゃあね、自分の息子が軍隊から脱走してね、銃殺でもされたら、そりゃあ、親は村で生きていかれないよ、そりゃあ、村八分で。そりゃあ生きておられんと思うね。世間体が悪くて。国賊〔国に害を与える者〕じゃもんね（中谷健祐の証言、ＮＨＫアーカイブス）。

社会の流れに背いた人を、故郷の人びとが白い目でみる。そして本人だけでなく、その家族も村八分に遭う。戦争は、こうした身近な「同調圧力」によっても支えられていました。

一九四一年一二月の開戦後、連合国側の戦争準備が遅れていたこともあって、日本軍は太平洋諸地域で占領地域を拡大してゆきました。しかし、ここまでみてきたような資源不足、総合的な判断の欠如など、根本的な問題はなに一つ改善されず、戦局はたちまち日本側に不利となりました。一九四四年七月にはマリアナ諸島が陥落し、東条内閣も総辞職します。各地での「玉砕」、特攻隊の出撃、県民の四人に一人が亡くなった沖縄戦など凄惨《せいさん》な戦闘が続きました。一九四五年八月には広島・長崎に原爆が投下され、ソ連が対日宣戦するに至ります。日本側がようやく降伏を最終決定したのは、一九四五年八月一四日のことでした。

### ◉まとめ――戦争と暴力を引き起こした原因と「その後」を考える

いかがだったでしょうか。日清・日露戦争からアジア太平洋戦争までの日本の歩みをみてゆくと、一つ一つの事件や戦争が深く関係していて、切り離して議論することができないものであるということが分かります。この大きな流れを簡単に整理してみましょう。

①朝鮮支配という目的から日清・日露戦争が発生する→②朝鮮などで植民地支配が始まる→③植民地支配を安定化させるために、さらに領土を拡大しようとする→④中国への領土拡大を進める→⑤第一次世界大戦に参戦して中国侵略を進める→⑥満州事変や日中戦争が起こる→⑦日中戦争によって欧米諸国と日本の関係が悪化し始める→⑧日中戦争を「解決」するために東南アジアを侵略し、資源を獲得しようとする→⑨アジア太平洋戦争が発生する。

これら①〜⑨が分かち難く結びついています。歴史学では、日清戦争の開戦(一八九四年)からアジア太平洋戦争の敗戦(一九四五年)までの日本の戦争を「五〇年戦争」と呼び、近代日本の戦争の全体を捉えるべきだという意見が出ています(宇田川ほか「〈連続討議〉戦争責任・戦後責任論の課題と可能性」(下)など)。

それでは、①〜⑨の時代(できごと)を根底から支え、規定していた発想とは何だったでしょうか？　それは、対外膨張を基本とする帝国主義の考え方でした。そして、近代日本の政治と社会では、帝国主義、植民地主義、民族差別、女性差別など、戦争や暴力を支えてしまう考え方や危険因子が深く根を張っていきました。その結果、戦争は軍人だけでなく、議会、メディア、民衆によっても支持されていったのです。また、「組織と面子」や同調圧力といった、今の私たちの生活にもそのまま当てはまるような問題についても確認しました。

アジアの被害を無視・軽視する考え方が、当時の欧米諸国にはあった、ということも確認しましたね。国際法にも、欧米中心主義の考え方が色濃く反映されていました。

それでは、これらの問題は、戦後から現在にかけて、どこまで克服されているのでしょうか？　これが、第二章以降の点検ポイントになってゆきます！

# 第二章◇占領政策で変わったこと、変わらなかったこと

——一九四五〜一九五〇年代前半

## この章の目的――変わらなかったことに目を凝らす

本章から、いよいよ「戦後」の話に入ってゆきます。東京湾にやってきたアメリカの戦艦「ミズーリ」で日本側が降伏文書に調印するのが、一九四五年の九月二日です。これ以降、サンフランシスコ平和条約が発効する一九五二年四月二八日まで、日本は連合国の占領下に置かれます。日本が占領されていたこの約六年半を、歴史学では「占領期」と呼んでいます。占領期は日本の「近代」から「現代」への転換点にあたります。

教科書で、占領期は全体として「戦争からデモクラシーへ」という「変化の時代」として書かれているように思います。連合国軍最高司令官総司令部(GHQ)は、民主化と非軍事化(日本が再び世界の脅威にならないようにすること)という、二つの方向で戦後改革を行います(五百旗頭《いおきべ》『日米戦争と戦後日本』)。日本国憲法の施行(一九四七年)、財閥解体(一九四六年開始)、女性参政権の確立(一九四五年)などが、教科書でも取り上げられています。

しかし、歴史や政治をみる時には、「変わったこと」だけではなく、「変わらなかったこと」も一緒に確認してゆくことが必要です。例えば、第一章でみた戦争や暴力を支えてしまう考え方や要因は、占領期になったとたんに解決する(変化する)ような、簡単なものだったでしょうか？

本章では、占領期の重要な事例を取り上げながら、「近代日本の何が変わり、変わらなかったのか」について検討してゆきます。特にここでは、「変わらなかったこと」を捉えることに力を入れます。なぜなら、この「変わらなかったこと」こそ、日本の戦後（つまりは今を生きる私たち）に深刻な影響を与え続けているからです。

## 1　日本国憲法の制定から見えてくること

### ◉日本国憲法の制定過程を点検する意味

取り上げる一つめの事例は、日本国憲法です。憲法の第九八条をみてみると、憲法は国の最高法規である、との記載があります。憲法は名実ともに、政治と社会の基本となるものですから、占領期（そして現在）の日本が、近代の時点と比べてどこまで成長できているのか、あるいは成長できていないのかを考える際に、避けて通ることのできないテーマです。

しかし、憲法を検討するといっても具体的にはどうすればよいのでしょうか。条文を細かく読んでゆく、というのも一案ですが、今回は憲法の制定過程を追跡することに力を注ぎます。法の趣旨や本質は条文を読むだけでは分かりません。これらは、法が作成されてゆく過程や、そこで交わされた議論を確認することで初めて理解できます。そう、日本国憲法の制定過程に「さかのぼる」、という歴史学の作法がここでも生きてくるのです（以下、憲法制定については特に断りのない限り、古関『日本国憲法の誕生』によります）。

憲法の制定過程をみる際、まず二つのことを押さえておく必要があります。

一つめのポイントは、当時の日本がどのような形で統治されていたのか、という問題です。日本の占領については、間接統治という形が採られています。連合国軍最高司令官が発した指令や勧告に基づいて、日本政府が法令を公布して政策を実施してゆく、という形式です。つまり占領軍が直接日本民衆に対して指示・命令を与えて占領政策を進めてゆくのではなく、あくまでも日本政府が間に入って統治を進めることになります。新憲法の制定も、この間接統治の下でのできごとです。だとすれば、どのようなことが言えるでしょうか？　そう、新憲法制定の手続きも、日本政府が占領軍と日本民衆の「間に入って」進めたのです。つまり、日本政府の意向が、新憲法にも反映される余地があったということです。

二つめのポイントは、第一章でも登場した「陸戦の法規慣例に関する条約」です。この条約の付属書第四三条では、占領した側は、よほどの支障がない限り、占領地に元々存在した法律を尊重して、現地の秩序や生活を回復させなければならない、とされています(この条約は「戦時国際法」なので、必ずしも、戦後の「平時」まで適用しなければならないものではありませんでした[芦部『憲法』])。このため日本国憲法は、明治憲法の改正という手続きによって「制定」されることになったのです。

## ◉政府案と民間草案のちがい

一九四五年九月一三日、東久邇宮稔彦《ひがしくにのみやなるひこ》内閣の無任所大臣であった近衛文麿が、横浜港近くの税関ビルにいるダグラス・マッカーサー(連合国軍最高司令官)を訪問しています。無任所大臣とは、首相や各省の大臣が担当していない業務を行う大臣のことです。この時の会談は一時間ほどで終わっていますが、あまり重要なやりとりはなかったようです。

重要な意味をもったのが、同年一〇月四日の近衛・マッカーサー会談でした。この時近衛はマッカーサーに、日本政府の組織や議会の構成について意見や指示があれば聞かせてほしいと尋ねたといいます。するとマッカーサーは、日本の憲法は改正しなければならず、自由主義的な要素を充分に取り入れるべきだとする意向を近衛に伝えました。

しかしこの後、東久邇宮内閣が総辞職したため、近衛は閣僚の地位を失います。また日本側では、憲法改正は内閣で行うべきだとする声が強く、アメリカ国内でも近衛が改正にあたることについて批判が高まっていました。一一月一日、ＧＨＱは、もはや内閣が変わっているのだから、近衛は首相を代理する資格はない、幣原喜重郎《しではらきじゅうろう》新首相に憲法改正に関する命令を伝えた、と発表します。こうして憲法の改正は、幣原内閣が設置した憲法問題調査委員会(一〇月二五日設置)が主に担ってゆくことになります。

日本側の憲法草案作成の主導権を握った憲法調査委員会では、委員長の松本烝治(法学者)を中心に改正案作成の作業が進められました。一九四六年一月末、改正案がまとめられ、閣議の審議に付されます。しかし、この松本案は明治憲法の基本的な骨組みを大きく変えるものではなく、明治憲法の字句修正に留まるものでした。松本案は、国内でも厳しい批判を受けます。

一方、民間の立場から作られた憲法草案(民間草案と呼ばれます)には、政府案と一線を画する内容が含まれていました。例えば、憲法史研究者の鈴木安蔵などが組織した憲法研究会では、幅広い立場の研究者が議論を交わし、極めて自由主義的な憲法草案が作成されています。一九四五年一二月、憲法研究会がまとめた「憲法草案要綱」は、「日本国の統治権は日本国民より発す」、「天皇は国政を親《みずか》らせず、国政の一切の最高責任者は内閣とす」と規定しています。ここには、国民主権や天皇が直接国政を行わない、という考えが示されています。

また、「国民は休息の権利を有す。国家は最高八時間労働の実施、勤労者に対する有給休暇制、療養所、社交教養機関の完備をなすべし」という記載があります。労働者の権利を憲法案に詳細に記している点が注目されます。さらに、「民族人種による差別を禁ず」との文言もあり、民族差別の禁止が明言されています（高柳ほか『日本国憲法制定の過程』Ｉ）。

憲法研究会の案については、ＧＨＱも注目しており、内容を高く評価していました。

### ◉ＧＨＱ案が作られる

ＧＨＱでも改正案の起草が進められました。マッカーサーは改正案作成にあたって三つの原則を指示しています。①天皇は国の「最高位」にあること、②国権の発動たる戦争は「廃止」すること、③日本の封建制度は廃止すること。以上の三点です。マッカーサーは、天皇を戦犯として追及することになれば、日本側で反発が起こり、占領政策の進行を妨げてしまうと考えていたため、一九四六年一月の段階で、天皇の免責を暗に勧告する電報をアメリカ本国に送付していました（山極ほか『資料日本占領　１』）。三つの原則は、こうした天皇の免責という方針を前提とするものでした。

なお、この「廃止」(abolish)という文言はかなり強い表現です。アメリカにとって「廃止」とは、南北戦争(一八六一~六五年)ののちに実現した、「奴隷《どれい》制度の廃止」を想起させるものであり、歴史的な重みをもつ表現です。日本が二度と戦争をすることのないようにしよう、という意思の表れだと考えられます。

このマッカーサーの指示に基づいて作られたのが、GHQ案(一九四六年二月一〇日完成)です。ここでは、①天皇は日本国の象徴であり、日本国民統合の象徴であること、②天皇の地位は、主権をもつ国民の総意に基づくこと、③国権(国の権力のこと)の発動たる戦争は廃止することなどが記されています。また、すべての「自然人」(法人以外の「人」を指す用語)は法の前に平等である、との記載も含まれています(高柳ほか『日本国憲法制定の過程』I)。

一九四六年二月一三日、GHQは松本案を正式に拒否し、かわってこのGHQ案を日本側に手交して検討を求めます。

## ◉日本側の抵抗からうかがえるもの

日本側はGHQ案を基に再度議論を行い、三月二日に新たな改正案を完成させます。ここでは可能な限りＧＨＱ案を明治憲法の内容に引き戻そうとする、「抵抗」が行われていました。例えば天皇については、「天皇は日本国民至高の総意に基づき日本国の象徴及び日本国民統合の標章たる地位を保有す」とされています。ＧＨＱ案では主権が国民にあることが明示されていましたが、日本案では「至高」という表現になっています。「至高」はこの上なく高い、という意味の言葉ですが、「主権」のもつ意味とは必ずしも一致しません。平等権についても、「すべての国民は法律の下に平等」(第一三条)という表現となっており、ＧＨＱ案にあった「自然人」という主語が「国民」に変化しています。

交渉を経てＧＨＱと日本側は、第一三条を「すべての自然人」は日本国民であるか否かを問わず法律の下に平等である、という内容にすることで合意しますが、交渉直後に日本側が再度修正提案を行い、「およそ人」は法の下に平等である、という文言にするとされました。ここでは、元々あった日本国民か否かを問わず、という部分などが削除され、外国人の人権を直接保障する規定が草案から姿を消しました。戦争の「廃止」の表現も、政府案作成の過程で戦争の「放棄」に変わっています。

## ◉大きく変わった憲法第九条

改正案は、一九四六年六月下旬に帝国議会に提出され、成立する一〇月七日まで審議が行われました。この間にも重要な修正が行われています。

例えば、戦争放棄条項(第九条)は、平和宣言を加えるべきであるという社会党の提案をきっかけとして、「日本国民は、正義と秩序を基調とする国際平和を誠実に希求し、国権の発動たる戦争と、武力による威嚇または武力の行使は、国際紛争を解決する手段としては、永久にこれを放棄する」と修正されました。

第九条については芦田均《あしだひとし》(自由党)による重大な修正も行われていました(芦田修正)。芦田の提案は、九条第二項の冒頭に「前項の目的を達するため」という文言を加える、というものでした。この結果、第二項は「前項の目的を達するため、陸海空軍その他の戦力はこれを保持しない。国の交戦権はこれを認めない」という条文に修正され、第一項に書いてある目的以外であれば、交戦権は認められる、という解釈の余地を生むことになりました。

この芦田修正に敏感に反応したのが中国です。一九四六年九月二一日、極東委員会(連合国が対日占領政策を決定する最高意思決定機関)の席上で中国代表は芦田修正について言及しつつ、日本側は自衛という口実で軍隊をもつ可能性がある、と指摘しています。第一章の内容を思い出してみてください。満州事変や日中戦争を、日本側は自衛だと正当化して侵略を続けました。芦田修正のもつ危険さを、凄惨な侵略を経験した中国は見抜いていたのです。

## ◉「日本国民」とは誰をさす？

政府案ではあいまいであった国民主権の考え方も、自由党と進歩党の共同提案によってようやく明示されます。こうして「主権の存する日本国民」という文言に着地します(第一条)。しかし、ここでちょっと立ち止まる必要があります。そもそも「日本国民」とは誰のことでしょうか??

審議では、自由党、進歩党、協同民主党の提案によって、新たに第一〇条として「日本国民たる要件は、法律でこれを定める」との文言が挿入されていますが、この結果、深刻な事態が発生することになります。

一〇条のいう「法律」は、一九五〇年に国籍法という形で制定されることになりますが、ここで「日本国民」とは、「日本国籍所有者」を意味するものとされているのです。日本国憲法では、「国民」が主語となっている条文がたくさんありますよね。だとすると、憲法の定める諸権利は日本国籍をもつ「日本国民」だけが享受できて、外国人は享受することができない、と読み替えることができるようになってしまうのです。

今日の憲法学説では、外国人も憲法の諸権利を享受することが当然である、との考え方が一般的ですが、戦後日本では、社会保障や戦後補償で、日本国籍をもっていないという理由で、外国人が排除されるケースがたくさん生じています。

## ◉みえてくる大きな課題――切り捨てられたものを問う

審議を通過した改正案は、一一月三日に公布され、翌一九四七年の五月三日に施行されました。これが現在の日本国憲法です。ここで、制定過程と「その後」を視野に入れながら、新憲法制定後も残された課題についてみておきます。

まずは以下の内容を思い出してみましょう。戦争の「廃止」という表現は「放棄」へと後退したり、外国人を保護する直接の規定が消え、逆に、条文の主語に「国民」という限定がかけられたりしました。当初のGHQ案に比べると、著しく内容が後退しています。

こうした「後退」(あるいは日本側がGHQに行った「抵抗」など)が、日本側の「明治憲法へと内容を引き戻そう」という意思に基づいていたという点は見逃せません。戦後も、日本の政治や社会には、明治以来の天皇制信仰や、日本以外のアジアの人びとを見下す考え方が根強く残存していました(吉見『草の根のファシズム』、同『焼跡からのデモクラシー』上、宇田川『東京裁判研究』)。憲法制定過程でみられた日本側の「抵抗」の背景には、こうした「変わらない意識」の問題がありました。

なお、憲法が施行される前日(一九四七年五月二日)、在日朝鮮人の取り締まりを目的とする外国人登録令が出されています。これは「大日本帝国」最後の「勅令」(天皇の命令)でした。日本側が平等権や人権の対象を「国民」に絞った理由は、こうした旧植民地出身者に対する弾圧・取り締まりを行うためであったと考えられています。

このこととも関連するのですが、民主化から排除された人びとがいたことも重要です。教科書をみると、一九四五年一二月に衆議院議員選挙法が改正されて、女性参政権が認められたことが載っています。しかし一方で、日本の植民地支配を受けていた朝鮮・台湾の人びとや、沖縄県民の選挙権がこの時から停止されています。

一九四七年六月末にマッカーサーは、沖縄を米軍が支配して空軍の要塞にしておけば、非武装国家日本が軍事的に真空地帯になることはない、とアメリカ人記者団に語っています(新崎『沖縄現代史』)。九月一九日、こうした動きに対応する形で、昭和天皇はアメリカによる沖縄の長期占領を希望する、いわゆる「沖縄メッセージ」を発します。

日本の「平和主義」は、米軍の沖縄占領を前提とした、沖縄を切り捨てるものでした。

## ◉女性の人権について

また、女性の人権についてもいくつか考えておくべきことがあります。帝国議会で憲法改正案が審議された際、社会党の議員だった加藤シヅエは、女性は妊娠や出産など、重大な使命があるのだから、母性の保護という考え方を憲法の条文ではっきりと認めるべきだと主張していました。しかし、母性の保護に関する条文はこの後の修正作業で反映されていません。

日本政府の女性に対する認識についてはどうでしょうか。一九四五年八月、東久邇宮内閣の閣議では、近衛文麿が日本女性をアメリカ兵の性暴力から守るための施設が必要だと主張し、特殊慰安施設協会(RAA)が設置されることになりました。一部の女性たちに性暴力の犠牲を強いるという、日本軍「慰安婦」制度と同じ発想が、戦後にも継続していたことが分かります。

一九四六年一月二一日、GHQは日本政府に対して公娼制度(日本で公認されてきた性売買制度)の廃止を命じましたが、日本政府の側では性売買を必要悪だとする考え方が根強く、「特《とく》飲街《いんがい》」「赤線《あかせん》」といった売春街が黙認されることとなりました。つまり、女性を男性の「性的慰安」の対象とする差別意識は戦後も継承され、人身売買も黙認されていったのです(黒川・藤野『差別の日本近現代史』)。

## ◉ちょっとした応用問題――さかのぼり、比較し、往還する

ここでちょっとした応用問題に取り組んでみたいと思います。それは何かというと、「日本国憲法に象徴される戦後日本の民主主義は、大正デモクラシーの時点と比べて、どこまで成長することができているか」という問題です。ここでは序章でふれた「さかのぼる」「比較する」「往還する」という三つの方法を意識しながらアプローチしてみます。

まずは大正デモクラシーの特徴を思い出してみましょう(「思い出す」＝「さかのぼる」です！)。帝国主義、植民地主義、そしてレイシズムを前提とするデモクラシーという特徴がありましたね。これは、日本人男性を頂点とする「帝国の序列」に基づくデモクラシーという側面ももっていました。多くの人びとの声が除外されるものであるがゆえに、なかなか戦争にはブレーキがかかりにくい状態であったことも確認しました(以上「さかのぼる」の手法を駆使)。

では、これと比べて、日本国憲法や戦後の民主主義はどうか。戦争放棄や国民主権のあり方

が示されたり、女性参政権が認められたりしたことから、戦後日本の民主主義は、大正デモクラシーに比べて相当に進歩した側面があります。以前よりも多様な意見が政治・社会の運営に反映されやすい環境になった、ということは大きな成果だといえそうです。

一方で、変わらなかったことがたくさんあったことも事実ですね。憲法や戦後日本の民主主義が主な対象としていたのは、「日本国民」です。外国人（あるいは外国人とされた植民地出身の人びと）や沖縄の人びとは、憲法の定める権利について、蚊帳《かや》の外に置かれていました。また女性（特に性売買に従事させられた人びと）への差別や蔑視も残っていました。これらのことは、大正デモクラシーを根底から支えていた、「帝国の序列」やレイシズムといった要素が、完全に同じ形ではないにせよ、戦後日本にも引き継がれていた、ということになります（以上、「比較」の手法を駆使）。

では最後に、今の私たちが生きている「現在」と、私たちの今後（「未来」）という視点も加えてもう一歩考察を進めてみましょう。かつての大正デモクラシーは戦争や暴力のブレーキにはなりにくかった、そして、この大正デモクラシーに潜んでいた問題点が、戦後日本に引き継がれていった。このことは、現在の私たちの政治や社会にも、戦争や暴力を支えてしまう要因が存在し続けている、ということを示唆《しさ》します。事実、さきほど確認した憲法や民主主義から除外されていた人びとをめぐっては、女性差別(女性)、基地問題(沖縄)、そして戦後補償問題(旧植民地出身者)といった深刻な人権侵害が今も続いています。近代日本の負の遺産は、形を変えて今の私たちの社会を縛っているのです。

日本国憲法の制定後も「変わらなかったこと」に目を凝らして、これを克服してゆく努力をしなければ、私たちは、今後も戦争や暴力の加害者や被害者になってしまうのです(以上、近代、占領期、現在、未来、という時期を「往還」して考えてみました)。

## ２　東京裁判の裁いたこと、裁かなかったこと

### ◉東京裁判を問う意味とその「前史」

二つめのケーススタディは、極東国際軍事裁判(東京裁判)です。東京裁判は、被告人を審理に付して、その内容に応じて、刑罰を科すという意味で、数ある占領政策のなかでも、最も厳しいものでした(しかも最高刑は絞首刑)。

では、東京裁判は、何を裁き、何を裁かなかったのでしょうか。東京裁判は、一九二八年から四五年にかけての、日本の政策や戦争犯罪を追及対象にしています。これは、「近代日

本の何が変わり、変わらなかったのか」を検証する上でも重要な事例です。また、最も厳しい政策によっても裁かれなかった論点や事件があったのだとすれば、これらは、戦後も課題として残されてしまった可能性が高い、ともいえます(以下、特に断らない限り、東京裁判については宇田川『考証 東京裁判』、同『東京裁判研究』、同『私たちと戦後責任』に基づきます)。

用いられた法概念の複雑さなどもあって、いきなり東京裁判の審理を読み解こうとしても、なかなかうまくいきません。そこでこれまで同様、できごとの前史に「さかのぼる」ことから始めたいと思います。みなさん、第一章の第一次世界大戦直後の時期のことを思い出しつつ、以下の内容を確認していってください。

第一次世界大戦後、大きな被害を出してしまった人類は、戦争防止策を講じる必要性を痛感しました。そこで登場した考え方が、戦争違法観と指導者責任観でした(第一章)。一九二八年には不戦条約も成立しています。

しかしこうした戦争規制の試みもむなしく、一九三〇年代以降も日本の中国侵略は続き、三九年には第二次世界大戦が勃発します。第二次世界大戦では、ナチ・ドイツによるホロコーストなど、それまでとは比べ物にならない大規模な残虐行為が展開されています。ここで人類は、改めて戦争やその指導者を裁く必要に迫られたのです。これは日本についても例外ではなく、日本軍による大規模な捕虜虐待や残虐行為を追及すべきである、との声が欧米諸国や中国などからもあがってゆきます。

こうして開催されることになったのが、ドイツに対するニュルンベルク裁判(一九四五年一一月〜四六年一〇月)と、日本に対する東京裁判(一九四六年五月〜四八年一一月)です。両方とも複数の連合国が追及に参加する、国際軍事裁判の形が採られています。「軍事裁判」とはあまり耳慣れない言葉だと思いますが、普通の裁判とは異なります。日本でも通常の裁判といえば、刑事・民事を問わず人権擁護が最大の目的です。一方の軍事裁判は、軍の法規や規律を徹底することが目的であり、人権擁護は必ずしも重視されません。

## ◉裁判で用いられた考え方と概要

東京裁判で用いられた主な法概念は、「平和に対する罪」(A級犯罪)、「通例の戦争犯罪」(B級犯罪)、そして「人道に対する罪」(C級犯罪)です。

「平和に対する罪」は、先ほどみた戦争違法観と指導者責任観が結合してできた考え方です。侵略戦争の共同謀議・計画・準備・遂行について、指導者の責任を問うものとされました。なお「共同謀議」とは、二人以上の者が違法行為を企てることをいいます。

「通例の戦争犯罪」は、「陸戦の法規慣例に関する条約」などに違反する行為を対象とするものでした。捕虜虐待や住民虐殺などがこれに当たります。三つめの「人道に対する罪」は、戦前・戦中に行われた一般住民に対する殺人や奴隷化、そして、政治的・人種的・宗教的迫害を追及するというものでした。これは主にナチ・ドイツを対象にして作られたものでしたから、日本に対する東京裁判では事実上論点になりませんでした。

一九四六年四月二九日、検察側が裁判所に起訴状を提出し、五月三日から東京裁判がスタートします。起訴状に記載された訴因(審理対象となる事実を記載した書類)は全部で五五項目にも及びました。裁判期間は約二年半、審理の回数は四二三回を数えました。この間、受理された証拠は三九一五件、出廷した証人も四一九人に及んでいます。

### ◉裁かれたことと裁かれなかったこと

膨大な証拠・証言によって、一体何が裁かれたのでしょうか。まずは、裁かれたことを確認してみます。審理で検察側は、満州事変、日中戦争、対米開戦などを「平和に対する罪」に基づきながら追及し、判決でもこれらの事件は「平和に対する罪」にあたるものである、との判定が下されています。つまり、これらの事件は侵略戦争だと判定されたことになります。東条英機など、日本陸軍の被告人たちは、日本の戦争について、「自衛戦争であった」、「アジアの解放のための戦争であった」といった戦前・戦中以来の主張を法廷で繰り返してゆきましたが、これらの主張は検察側の激しい反発を受け、判決でも認められませんでした。

傀儡国家「満州国」の建設や、宣戦布告のないまま行われた真珠湾攻撃などは、戦争中から世界中で知られていたということもあって、膨大な証拠・証言が提出されています。陸軍側の主張はほとんど通用する可能性がなかった、といってもよいと思います。

一方、「通例の戦争犯罪」については、住民虐殺など、おびただしい数の証拠・証言が法廷に提出されています。膨大な証拠・証言が確保されていたこともあって、戦争犯罪の有無自体については、ほとんど論争になりませんでした。

なかでも、欧米諸国の捕虜に対する虐待が重視され、裁判で追及された戦争犯罪のうち、最も多くの証拠が提出されています。

とはいえ、たくさんの重大事件が裁判で問われなかったことも事実です。

まず、陸軍以外の被告人、例えば、海軍、外務省、大蔵省の被告人に対する追及は明らかに不十分でした。第一章でもふれた通り、第一次世界大戦以降の戦争は総力戦です。全ての者が戦争とつながっていたのであり、海軍、外務省、大蔵省もそれぞれの専門的見地から戦争を支えていました。しかし、審理では「陸軍が戦争の張本人」というイメージが定着していったこともあって、陸軍以外の者の責任は結果として軽視されました。外交政策や国際法の解釈については、平時・戦時ともに、外務省本省が大きな責任をもっていましたが、これはほとんど追及されずに終わりました。大蔵省出身の被告人も、経済や財政の面から、満州支配や戦争遂行を支えた事実がありましたが、彼らについても、「東条英機や軍といかに共同していたのか」という点が主な争点とされました。東京裁判は、「経済・財政専門家の戦争責任」という考え方を、確立することなく結審したということになります。

海軍は証拠の隠滅を含む組織的な裁判対策を行って、多くの事件を闇に葬りました。戦時中、中国への無差別爆撃など、海軍の部隊も戦争犯罪を行っていましたが、各事件と追及対象とされた海軍の被告人とを結びつける証拠は、最後まで提出されませんでした。

また、検察官や裁判官が男性中心の構成を採っていたこともあって、女性、あるいはジェンダーの視点が法廷ではほぼ完全に欠落していました。日本軍による性暴力の問題が軽視されたほか、日本軍「慰安婦」についてもほとんど議論が展開されませんでした。

## ◉全く問われなかった問題

さらに、事前に免責されて、裁判の追及対象から除外された問題もあります。例えば、国家元首、大元帥として戦前・戦中の政治・軍事に関わった昭和天皇は日本国憲法のところでみたように、アメリカの政治的思惑が反映され、事前に免責されています。

第一章でみた、日本軍の毒ガス戦や細菌戦も免責されています。これは重大な戦争犯罪でしたが、①裁判で違法であることがはっきりすると、冷戦でアメリカが対立しているソ連の優位に立つことのできる毒ガス戦という手段を、自ら失うことになるので免責する(毒ガス)、②人体実験などのデータをアメリカに提供するかわりに、細菌戦に関係した人びとを免責する(細菌戦)、以上のような理由から、毒ガスと細菌戦の問題は不問に付されています。

また、裁判の全ての局面で論点として扱われなかったのが、植民地支配の問題です。検察側・判事側で力をもち、多数派を占めていたのは欧米諸国出身の者たちです。つまり、帝国主義・植民地主義を実践してきた国から派遣されてきた者たちが、裁判の多数派を占めていた、ということになります。一方の日本側も、アジア随一の軍事大国として、帝国主義・植民地主義にたった政策を推し進めていました。要するに、東京裁判では裁く側と裁かれる側の双方が、植民地支配を「当たり前」のものだと認識しており、植民地支配を追及する/追及される、という発想自体をもっていなかったのです。戦争の最大の要因の一つであった、帝国主義・植民地主義という問題が、裁判では全く問われませんでした。

さらに、この裁判では「連合国対被告人」の形式を採用していたこともあって、被告人以外の責任、例えば、「日本民衆の戦争責任」は論点になっていません。同調圧力など目に見えない戦争遂行システムが果たした役割は、本格的に解明されることなく審理は終了しているのです。

## ◉審理全体を流れる「考え方」

それでは、裁判で重視されたことと、棚上げされたこととを分けることになった「発想」とは何だったのでしょうか？　ここでは裁判全体に一貫していた「考え方」、ひいては歴史的性格を考えてみたいと思います。

この問題を考える際に、私が本や授業で必ず取り上げることにしているのが、裁判の判決書です。判決書は裁判で問われたできごとについて、詳細な認定を行い、最後に被告人に対する量刑を書き込んでいます。長大な判決書の終盤にある、「C部　第九章　起訴状の訴因についての認定」というセクションには、次のような記述があるのです。

起訴状の訴因第三〇においては、フィリッピン共和国に対して、侵略戦争が遂行されたと訴追されている。フィリッピン諸島は、戦争の期間中は、完全な主権国ではなかった。国際関係に関する限り、それはアメリカ合衆国の一部であった。〔中略〕理論的正確を期するために、われわれは、フィリッピン諸島の人民に対する侵略を、アメリカ合衆国に対する侵略戦争の一部であると考えることにする（新田『極東国際軍事裁判速記録』第一〇巻）。

戦争中、フィリピンはアメリカの植民地でした。この事実を踏まえ、判事団はフィリピンに対する侵略戦争を、アメリカに対する戦争として考える、と判断したのです。これは、典型的な帝国主義・植民地主義の考え方でした。なお、日本側（弁護団）も判事団と同じ考えをもっていました。

このように、東京裁判の審理は欧米諸国を中心とする、帝国主義・植民地主義を大前提としたものになっていたのです。このため、審理での戦争犯罪の追及は、①白人捕虜、②白人民間人、③アジア人住民、④論点にすらならない植民地支配、というはっきりとした

「序列」に基づいて進められました。審理を追跡してゆくと、特に、②と③の間に果てしない差があることに気づかされます。

また、判決書では審理内容に基づきながら、日本が戦争に向かってゆく足取りを詳細に描いていますが、その描き方は明らかに「一九四一年一二月の欧米諸国との開戦をハイライトにして描く」というものになっています。満州事変や日中戦争は、いわば欧米諸国との戦争の「前史」としての位置づけであって、これら自体の歴史的な重みや意義が、必ずしも正面から問われたわけではありませんでした。審理対象も、一九二八年の張作霖爆殺事件以降、より厳密にいえば満州事変以降に絞られていましたから、日清・日露戦争、第一次世界大戦などは争点になっていません。つまり、近代日本の「五〇年戦争」(第一章)のうち、ごく一部しか東京裁判では問われなかった、ということになります。

裁く側、裁かれる側の双方が「帝国」という制約のなかで展開された裁判は、「帝国主義国間の合作裁判」としての歴史的性格を強くもっており、最大の被害者であるアジアの人びとの被害を正面から取り上げる場にはならなかったのです。

## ◉ちょっとした応用問題――さかのぼり、比較し、往還する

さあ、ここでも歴史学の作法を用いながら応用問題に取り組んでみましょう。第二章全体のテーマに即しながらこんなことを考えたいと思います。「東京裁判の審理は、第一章で確認した戦争や戦争犯罪の発生原因を、どこまできちんと裁いたのか」。

まずは第一章(近代の時期)にさかのぼります。戦争や戦争犯罪を発生させてしまう大きな要因とは何だったでしょうか。箇条書きで整理してみます。

①帝国主義、植民地主義、レイシズムといった考え方。
②日本人男性を頂点とする「帝国の序列」。
③明治憲法をめぐる問題(統帥権の独立や各組織の分立・面子など)。
④戦争に懐疑的な人びとの声に耳を傾けることなく、戦争に熱狂した社会や民衆の存在。
⑤アジアの問題を二の次三の次とする、欧米中心の国際関係・国際法のあり方。

それでは、これらの問題は東京裁判で正面から問われ、克服されたといえるでしょうか。まず、さきほど確認した東京裁判の「帝国主義国間の合作裁判」という性格を踏まえるならば、①と⑤については問題がそのまま残ったと考える必要がありますね。ジェンダーや「女性」の視点を欠いた裁判であったことを考えると、②もほとんど克服されなかった、ということになります。

では、③についてはどうでしょうか？　東京裁判では、アメリカの政治的思惑が反映されて、昭和天皇が被告人から除外されていましたよね。このため裁判では、明治憲法に基づく政策決定の仕組みや、天皇の政治・軍事への関与については、詳しい追及や言及が行われないままでした。③については、問題の核心部分が問われなかった、というべきでしょう。

最後に、④について確認してみましょう。東京裁判では民衆の戦争責任は問われませんでしたから、④の問題も手つかずのまま残った、ということになります。

ここまでの整理・検討を踏まえると、近代日本の戦争や暴力を支えた根本原因は、その多くが東京裁判でも追及されず、戦後日本の政治・社会にも引き継がれていった、ということが明らかになります。これは、戦争に明け暮れた近代の時点と、占領期の時点とを比較した場合、変わった部分もあるけれど、戦争や暴力を支えてしまう要因については、変わらなかった点が多々あった、ということでもあります。

東京裁判が裁かなかったことは、「近代→占領期→現在」という大きな時代の流れを経ても、現在の私たちの「宿題」として引き継がれてゆきます。この宿題に現在の私たちが対応しないことは、尊厳を傷つけられた人びとを無視・放置し続けることと同じであり、戦後の日本と私たちが、再び「加害者」になってしまうことを意味します（以上「往還」の作法を使ってみました)。

## 3　サンフランシスコ平和条約で問われなかったこと

### ◉サンフランシスコ平和条約の締結

この章最後のケーススタディは、サンフランシスコ平和条約です。この条約の発効によって、日本は占領を脱して、国際社会に独立国家として復帰することになります。占領されていた日本が、国際社会に復帰する際の「条件」にあたるのが、サンフランシスコ平和条約です。国際社会復帰の「条件」ということは、この条約が戦後日本(そして現在)の政治・外交の基本的な方針を形作った、といってもよいと思います。この条約の締結過程や「その後」を考えるということは、戦後の日本や世界にどのような特徴や問題点があるのかを検証することに他なりません。「近代日本の何が変わり、変わらなかったのか」を考える際に、このテーマは避けて通ることができないのです。

まずは平和条約が作成されてゆく過程にさかのぼって、条約がどのような道のりを経て締結されたのかを、検証するところから始めましょう。

東京裁判が終盤に差しかかった頃、アメリカでは米ソ冷戦への備えを急ぐべきだとする声や、占領政策にコストがかかり過ぎることへの不満が高まりつつありました。東京裁判をはじめ占領政策には莫大な費用がかかります。早く日本を経済的に自立させて、冷戦に対応しよう、日本を自身の陣営に取り込もう、という方針が次第にアメリカのなかで固められてゆきます。一九四八年一〇月七日、こうしたアメリカ側の「本音」を反映して作られたのが、「アメリカの対日政策に関する勧告についての国家安全保障会議の勧告」(NSC13/2)です。ここでは、今後日本との間で締結されるべき平和条約の方向性や、占領政策全般に関する方針が示されています。

「NSC13/2」の「講和条約」の項目では、「条約の性格」について、できるかぎり簡潔で、普遍的で、「非懲罰的な条約」を結ぶことを目的とすべきである、との方針が示されています。このこととも関係しますが、この文書の「戦犯裁判」の項目では、裁判の早期終結の方針が示されています。一方、「アメリカの対日政策の主要目的」として掲げられたのは、経済復興でした。

当初のアメリカの占領政策の方針が転換されて、日本の経済復興を優先させる方向へと舵が切られたのです。日本にとって「寛大」な平和条約が準備されてゆくことになります。

## ◉落差があった被害者への対応

さて、「平和条約」「講和」となれば「賠償」の問題がついて回ります。日清戦争後の日本や、第一次世界大戦時の連合国は、いずれも賠償金を獲得しています。それでは、アジア太平洋戦争後の戦後処理では、賠償金はどのように扱われたのでしょうか？

日本の経済復興を急ぐアメリカは、平和条約の草案作りをリードしてゆきます。一九五〇年一一月二四日、アメリカは「対日講和七原則」という文書を公表、日本と交戦した全ての国が賠償請求権を放棄する、との方針を示しました。「日本の経済復興を優先する➡アメリカの占領コストを軽減し、同時に、ソ連との戦いに備えて日本を同盟国として引き入れる」というのがアメリカの方針でしたから、日本に負担がかかる賠償は避けられたのです。

しかし、日本の侵略の被害にあったアジアでは、この方針に対して強い反発が起こりました。アジアの多くの人びとが求めたのが、金銭賠償です。例えば、日本軍による戦争犯罪で膨大な死傷者を出していたフィリピンでは、日本に何らかの方法で損失額の一部でも支払わせる、との強い主張が出されていました。アメリカ側は、何らかの妥協を余儀なくされます。

こうして草案に、役務《えきむ》の提供によって被害を埋め合わせる、という項目が挿入されることになります。「役務」というのは、知識、技術、サービスなどを提供することを指します。例えば、ダムを建設するための技術や労働力を提供する、などです。これは「賠償」というよりも「貿易」に近く、実際、日本商社の東南アジア再進出のきっかけともなります。あくまでも金銭賠償を求めていたフィリピンやアジア諸国は、こうしたアメリカの修正案にも不満でした（内海『戦後補償から考える日本とアジア』）。

一方で、金銭賠償の要求が通ったケースもありました。一九五一年六月にロンドンで開催された会談では、イギリスやオーストラリアなど、連合国の元捕虜に対する補償に関する条文が、新たに草案に挿入されることが決定されます。「捕虜」と聞いて、前にふれた東京裁判の審理内容を思い出してくれる方もいらっしゃることと思います。そう、イギリスなど欧米諸国では、日本軍による捕虜虐待による膨大な被害が出ていました。こうした国々にとって、捕虜への補償は必要不可欠のものだったのです。

こうして、元捕虜に対する補償については、日本が海外にもっている資産を払い下げて、ここで得られた資金を赤十字国際委員会経由で元捕虜に分配する、という規定が加わります。

また、もう一つの例外として、吉田・ステッカー協定（一九五一年九月七日）という取り決めもなされています。これはサンフランシスコ平和条約とは別に、日本とオランダで交わされた取り決めです。ここでは、日本軍の収容所に入れられ、虐待されたオランダ人の人びとへの補償のため、日本が一〇〇〇万ドル相当の見舞金を支払うこととされました。

しかし、日本にとって寛大な講和を結ぶ、というアメリカの方針自体に大きな変更はありません。こうした例外規定や特例があった一方で、①連合国が賠償請求権を放棄することや、②日本の資源は完全な賠償を行ったり、他の債務を履行したりするには現在充分でないことが認められる、といった内容も、条約で定められることになったのです。これらの条文については、フィリピンだけでなく、東南アジアの人びとが強い不満をもっていました。平和条約は、最大の被害者であるアジアの人びとの意向が踏まえられない、欧米諸国(特にアメリカ)の意向を優先したものでした(内海『戦後補償から考える日本とアジア』)。

## ◉会議に招かれなかった人びと

一九五一年九月、サンフランシスコで講和会議が開催されます。ここでもう一つ確認しておかなければならないことがあります。それは、この会議に誰が参加したのか、ということです。この条約では、日本と連合国四八ヵ国が署名しています。

では、「連合国」とは誰でしょうか？　署名国には、アメリカ、イギリス、オランダや、イラク、エジプト、サウジアラビアなど、中東の国々なども含まれています。これらの国々は、一九四二年一月一日にワシントンで署名された、連合国共同宣言に参加した国々です。この共同宣言に署名した国々が、日本に宣戦布告していたのです。

これに加えて、インドネシア、フィリピン、セイロン（現在のスリランカ）、ベトナム、ラオス、カンボジアなど、日本と戦争をしていた国の領域の一部をなし、日本が占領していた地域の人びとも会議に参加しています（これは条約の第二五条で参加を認められています）。

しかし、この会議では、長い間日本の侵略を受けていた国々が招かれていませんでした。例えば、中国は、中華人民共和国、中華民国の双方の政府が会議に呼ばれていません。これはイギリスとアメリカの間で、中華人民共和国と中華民国のどちらの政府を正式なものだと考えるのか、をめぐって対立が生じたためでした。中華民国はさきほどふれた連合国共同宣言や、ポツダム宣言にも署名していましたが、招請《しょうせい》されることはありませんでした。一方の中華人民共和国も、自身が排除されたままの平和条約に反対しています（内海「戦後史の中の「和解」」、同『戦後補償から考える日本とアジア』）。

また講和会議では、大韓民国と朝鮮民主主義人民共和国の両方が参加を拒否されています。一九五一年一月、韓国は、戦争中に中国に臨時政府を置いていた、という事実を根拠にしながら、日本に対する賠償請求が可能だと申し入れます。「臨時政府」とは、一九一九年に朝鮮人独立運動家たちが上海で設立した、大韓民国臨時政府のことを指しています。臨時政府は、一九四一年一二月に日本に対して宣戦布告もしていました。アメリカ側は、日本が韓国に支払う賠償は、実際にはアメリカの納税者が負担することになってしまう、として韓国側の主張を退けます。

ただ、アメリカ国務省は韓国に対する日本の賠償には反対だったものの、韓国の講和会議への出席と条約への調印自体は認める意思がありました。これは韓国を被害国として認めるということではなく、米ソ冷戦という事実を念頭に置きつつ、韓国を自身の陣営に引き入れたい、という思惑によるものです。

韓国を講和会議に呼ぶこと自体に強く反対したのが、日本とイギリスでした。日本側は、韓国が署名国となると一〇〇万人以上の在日朝鮮人が、連合国の国民として財産・補償を受け取る権利を得ることになるとして、強硬に反対しました。もう一方のイギリスも、韓国は日本と交戦状態にはなかったとの理由から猛反対しています。こうした動きを受けてアメリカは、署名国になることはできない、と韓国に通告することになりました。

ところで、こうしたアメリカやイギリスの態度の背景には、ある共通する思惑がありました。それは、①植民地支配を「合法的」とする考え方が存在したこと（そもそも朝鮮に対する植民地支配を重大視していなかったということ）、②韓国の条約への署名を容認すれば、日本の植民地支配の「合法性」を否定することにつながり、ひいては、欧米の植民地支配をも批判する議論が噴出する恐れがあったこと、の二点です。だからこそ、アメリカとイギリスは、「韓国は交戦国ではなかった」という表向きの理由を付して、韓国を除外したのです（以上、太田『日韓交渉』）。

実際のところ、戦争中に独立国ではなかった国も、講和会議に参加した事例はいくつもありますから（内海ほか『戦後責任』）、参加してもらおうと思えば大韓民国や朝鮮民主主義人民共和国を呼ぶことはそれほど難しいことではありませんでした。日本、イギリス、アメリカ、という帝国主義国家の思惑が、韓国と北朝鮮の排除につながった、というのが真相なのです。

## ◉被害者への視点の欠如

講和会議の席上、フィリピン代表は、一九五〇年の日本の「国民所得」は、被害国であるアジアのどの国よりも高いとして、改めて「役務」の形式による賠償に反対の意思を表明しています。フィリピン国会では、一九五六年まで条約の批准が拒否されました。インドネシアも、約四〇〇〇万人の命が失われ、数十億ドルの物質的損害を受けたと指摘、現在日本が賠償を現金で支払うことができない状態にあることは承知しているが、条約の内容には満足できないとして、修正案を提出しています。インドネシアも条約の批准を無期延期しています。さらに、ビルマとインドは条約案への不満などから、会議自体を欠席しています（以上、外務省『サン・フランシスコ会議議事録』、内海『戦後補償から考える日本とアジア』）。中国や韓国など、会議に呼ばれなかった国々は、会議場で意見を述べる機会すらありませんでした。

こうして、①会議に招請されなかった国々、②招請されたが会議を欠席した国々、③会議に参加したが条約批准に反対した国々については、日本との個別交渉によって、別途戦後処理に関する取り決めを行うことになりました。第三章でみる日韓基本条約や日韓請求権協定がのちに結ばれたのはこのためです。

### ◉平和条約と安保条約はセット

さて、ここでちょっと話を戻します。この項目で平和条約締結の話を始めた時、アメリカの占領政策の方向性が変わったのだ、とお話ししました。懲罰的なものから、日本の経済復興を急ぐ方向へシフトした、ということでしたよね。ではなぜ日本の経済復興を急ぐのかといえば、一つは、占領コストの軽減、もう一つは、米ソ冷戦という事態を踏まえて、復興した日本をアメリカ側の陣営に引き入れることが目的でした。この後者の考え方が、実は日米安全保障条約(日米安保条約)の締結につながってくるのです。

一九五一年九月八日、サンフランシスコ平和条約への署名から数時間後、日本側代表の吉田茂首相は一人で日米安保条約に調印しています。サンフランシスコ平和条約の締結に際して、外交交渉を担った外交官の一人、西村熊雄(外務省条約局長)によれば、平和条約と日米安保条約は、交渉過程で密接不可分の関係にあった、とのことです。何が密接不可分なのでしょうか。

サンフランシスコ平和条約は、日本側にとって相当に寛大なものになりましたが、これは、日本の再軍備やアメリカ軍の無期限駐留を義務付ける安保条約とセットの関係にありました。アメリカ側の主なねらいは、日本にアメリカの軍隊を望むだけ、望む場所に、望む期間だけ駐留させる権利を獲得する、というものでした。これが「アメリカ側の陣営に引き入れる」の中身です。寛大な講和を推し進める代わりに、アメリカの安全保障政策に従属する「同盟国」としての役割を、安保条約によって日本側に担ってもらう、という図式です。こうしたなか、沖縄は「太平洋の要石《かなめいし》」とされ、今も広大な米軍基地がおかれています(内海「戦後史の中の「和解」)。

平和条約の締結が近づくなか、沖縄では日本復帰をめぐる動きが活発化して、奄美、沖縄、宮古、八重山などの島々で、有権者の圧倒的多数の署名や、各議会での決議などによって、日本が奄美諸島を含めた琉球諸島を米軍支配下に置き去りにしたまま独立しようとすることに抗議し、「平和憲法下への復帰」を求める意思表示を行っています。しかし、日本政府もアメリカ政府も、こうした声に耳を傾けることはありませんでした(新崎『沖縄現代史』)。

一九五二年四月二八日、サンフランシスコ平和条約、日米安保条約という二つの条約が同時に発効します。歴史学では、これを「サンフランシスコ講和条約体制」と呼ぶことがあります。この体制は、①戦争と植民地支配の被害を無視・軽視されたアジアの人びとや、②米軍による支配が継続し、「本土」から切り捨てられた、沖縄の人びとに対して、一方的に負担を強いて、耐え忍ばせるものでした。

### ◉ちょっとした応用問題——さかのぼり、比較し、往還する

サンフランシスコ平和条約についても、応用問題に取り組んでおきましょう。問題は以下のとおりです。「日本の戦後処理という観点から考えると、サンフランシスコ平和条約には、

どのような特徴・問題点があっただろうか」。ここまでの内容を踏まえると、条約全体の特徴・問題点として三点挙げることができると思います。

①欧米諸国の被害を手厚く扱い、最大の被害者であるアジアの被害を二の次三の次にするものであったということ（欧米諸国出身の捕虜への補償は例外規定が設けられ、金銭賠償への道が開かれていましたが、アジアの人びとに対してはこのような措置は取られていません）。

②帝国主義・植民地主義の考え方を前提とする会議であったこと（日米英が韓国の招請を拒否した経緯からもこのことは明らかです）。

③近代日本の戦争の戦後処理を行う場というよりも、アメリカの同盟国として日本を引き入れる通過点としての意味をもっていたということ（アメリカの講和条約に対する方針や、日米安保条約が同時に締結されている点からもこのことは明らかです）。

①と②、すごく既視感があると思いませんか?? そうです、①と②は東京裁判にみられた問題点と完全に重なるものなのです！ ここで東京裁判の審理内容にさかのぼってみましょう。そこには「帝国主義国間の合作裁判」という特徴がありました。このため、アジアの人びとの被害が無視・軽視され、朝鮮・台湾に対する植民地支配の問題も扱われませんでした。サンフランシスコ平和条約は、こうした東京裁判の特徴を色濃く引き継ぐものでした。

東京裁判はサンフランシスコ平和条約の「前史」だった、といってもよいでしょう。

では、平和条約を日本の戦後処理として考えるとどのようなことがいえるのか。結果的に、東京裁判のところでふれた内容を繰り返すことになってしまうのですが、近代日本の戦争や暴力を支えてしまった根本要因（帝国主義・植民地主義・レイシズムなど）には本格的なメスが入らず、これらの課題は戦後社会にも残されることになった、ということになります。

また、③についていえば、それまでの講和と比較しても、日本にとって寛大なものであったことは明らかです。日清戦争後の下関条約、第一次世界大戦後のヴェルサイユ条約でも多額の賠償金を敗戦国に課していましたが、サンフランシスコ平和条約での方針は、日本に対する賠償請求権は放棄され、もし補償を行う場合にも、「役務」という名の貿易が基本となります。金銭賠償はごく一部の例外を除いては、規定されていません。

さらに、帝国主義・植民地主義の未精算の問題は、戦後日本社会での差別や排除の問題へとつながってゆきます。サンフランシスコ平和条約が発効する直前の、一九五二年四月一九日、法務府（現在の法務省）は「平和条約に伴う朝鮮人台湾人等に関する国籍および戸籍事務の処理について（通達）」を発表して、朝鮮人と台湾人は日本の「内地」にいるものを含めて、すべて日本国籍を喪失する、との方針を通達します。平和条約締結の際には、植民地支配を受けていた人びとに、支配していた宗主国側の国籍か、独立した新たな国の国籍のどちらかを選んでもらうのが一般的です(内海ほか『戦後責任』)。国籍選択の余地を全く与えずに、「今日からあなた達は外国人です」と一方的に迫る日本のやり方は、当時の他国の事例と比較しても、乱暴でした。

さあ、こうなるとどのような問題が起こるでしょうか? 日本国憲法の制定過程を思い出してください。日本国憲法は、国籍による差別禁止の規定が制定過程で欠落していましたよね。そして、人権を享有する主体は「日本国民」という書き方になっていました。

戦後の日本の社会保障制度は、そのほとんどが日本国民を対象としていましたから、「外国人」とされた朝鮮人・台湾人は、社会保障制度から放り出されて、無権利状態に置かれることになってしまったのです(鄭「植民地の独立と人権」)。戦後補償に関する国内の法律も、その多くが日本国籍をもつものしか補償の対象にしていませんでした(田中ほか『遺族と戦後』)。この結果、日本は、戦争中は「日本人」として朝鮮・台湾の人びとを戦争に動員しておきながら、平和条約発効後は、「今日からあなた達は外国人だから、戦後補償はしない」という、矛盾した態度・方針をとることになったのです。旧植民地出身者やアジアの人びとの尊厳を無視し、切り捨ててゆく考え方は、こうして戦後日本の社会保障や戦後補償にまで入り込んでゆくことになるのです(以上、条約の積み残した課題について、戦時中、占領期、占領期以降という時期を往還しながら考察してみました)。

### ◉まとめ——占領期のできごとから「現在」を考える

この章では、憲法、東京裁判、サンフランシスコ平和条約の三つのトピックを取り上げて、占領期に近代日本の何が変わり、何が変わらなかったのか、を追跡してきました。思った以上に「変わらなかったこと」が多かった、という感想をもった人も多いかもしれません。戦争や暴力を支えた根本的な要因や考え方が充分に問われず、戦後日本に引き継がれてしまった、という事実は深刻です。この「戦後日本」を今の私たちは生きているわけですから、占領期のできごとは決して他人事ではすまされない、ということがわかります。

そしてもう一つ、占領期のできごと——より広くいえば歴史的経緯や事実——を知らなければ、現在の政治や社会の舵取り自体を誤ってしまう、ということも押さえておきたいと思います。例えば、現在日本で展開されている憲法改正の議論でよく出てくる「押しつけ憲法論」もこの一つです。「押しつけ憲法論」とは、現在の日本国憲法はアメリカから押し付けられた憲法だから、日本の自主的な憲法に改正しなければならない、という主張です。「押しつけ憲法論」は、主張する人によって内容が微妙に異なりますが、多くの場合は戦争放棄を定める憲法第九条の改正をうったえるものになっています。

では、こうした主張を第二章で確認した事実に照らすとどんなことが分かるでしょうか？　そもそも日本に対する占領は間接統治形式であり、少なくともアメリカが直接日本国民に憲法を押し付ける、ということはできません。従って、押し付けられたとすれば、それは当時の政治家（より厳密にいえば保守もしくは右翼政治家）ということになります。当の国民の反応はどうであったかといえば、憲法第九条とその理念は現在に至るまで、世論調査などでも高い支持を得ています。また、憲法はＧＨＱ案そのままではなく、日本側の「抵抗」によって重要な変更がいくつも加えられ、帝国議会でも多くの修正がありました。

さらに、基本的人権の尊重は近代国家では欠かせないものですが（芦部『憲法』）、日本政府の憲法改正案がこの点をきちんと踏まえていなかった、言い換えれば、近代的な憲法を日本側から自主的に制定する準備ができていなかった、ということも押さえておく必要があります。

一方、憲法制定過程では、外国人の人権保障に関する規程が削除されるなど、日本側の抵抗によって、人権の保障対象が狭められたという事実がありました。もし憲法改正を議論するのであれば、憲法から除外されてしまった人びとをいかに救済するか、を考えることも必要ですが、現在の改憲の議論ではこうした点はあまり考慮されていません。

歴史的経緯を無視した議論は、政治と社会について、本当に変えなければならないことと、絶対に変えてはならないことの区別を難しくしてしまうのです。

# 第三章◇苦しみを強いられ続ける人びと

――一九五〇年代後半〜一九八〇年代

## この章の目的――私たちの「当たり前」を疑う

サンフランシスコ平和条約の発効を経て、一九五〇年代半ばから、日本は高度経済成長の時代を迎えます。歴史学の世界では一般的に、高い水準での経済成長が続いた一九五〇年代半ばから一九七〇年代初頭までの期間を、高度経済成長の時代として把握しています(中村『戦後史』など)。教科書でも、①一九五六年の『経済白書』が「もはや「戦後」ではない」と報告したことや、②池田勇人《はやと》内閣が「所得倍増」をスローガンとしたことなどが書かれていますね。一九五〇年代半ばから八〇年代初頭までの国会審議や新聞などをみてみると、戦争や戦争責任に関するトピックは、占領期に比べて激減しています。この時期、日本の政治と社会では全体として戦争の記憶は忘却される傾向にありました(宇田川『私たちと戦後責任』)。

しかし、敗戦後も続く「戦争」、あるいは敗戦後の新たな「戦争」を生きざるを得なかった人びとがたくさんいたことも事実です。「日本経済が右肩上がりの時期=豊かな時代」というイメージだけで当時の政治と社会をみてしまうと、こうした人びとの苦しみが、現在まで続いているということがみえなくなってしまいます。私たちの「当たり前」と考えている時代のイメージを、いったん疑ってみることが必要になってくるのです。

この章では、一九五〇年代半ばから八〇年代にかけて起こった重要なできごとをいくつか取り上げながら、「一九四五年八月一五日以降は「戦後」で平和な時代」という、広く「当たり前」のように語られる歴史のイメージを疑い、私たちの視野を広げてゆきます。

## 1　日本と韓国の戦後——日韓基本条約・日韓請求権協定で棚上げされたこと

一つめのケーススタディは、戦後の日韓関係についてです。二〇一〇年代後半から二〇年代初頭にかけて、日韓関係は過去最悪といわれるほど冷え込みました。その原因の一つが、序章や第一章でみた「徴用工」問題や、日本軍「慰安婦」問題など、歴史認識に関する問題でした。その際、日本の政治やメディアでは、「戦後補償は解決済み」、あるいは、韓国が問題を蒸し返している、といった主張が「当たり前」のものとして流布され、大きな勢いをもちました。第二章でみたとおり、日本による植民地支配の問題はサンフランシスコ講和会議で議論されていませんでしたよね。そもそも、韓国も北朝鮮も、この講和会議に招請《しょうせい》されていませんでした。

では、朝鮮の人びとと、日本はどのように戦後処理を進めていったのでしょうか。サンフランシスコ平和条約に招請されなかった国々については、別途、日本との間で国交正常化交渉や戦後処理の取り決めを行っています。日本と韓国の戦後処理については、一九五一年から六五年にかけて行われた、日韓会談という外交交渉で議論されています。この結果、一九六五年に結ばれたのが日韓基本条約と日韓請求権協定です。この二つの条約が戦後日韓関係の基礎となったのです。従って、日韓の歴史認識問題や戦後補償問題にきちんと対応するためには、日韓会談でどのような戦後処理が行われたのか(あるいは行われなかったのか)を詳しく知っておく必要があるのです。

### ◉朝鮮の「戦後」——分断、そして戦争

さて、ここではいつものように「さかのぼる」ところから始めます。そもそも、日本の敗戦から平和条約発効にかけて、朝鮮半島ではどのような動きがあったのか、日韓会談の「前史」を把握しておきましょう(以下、日本の敗戦から朝鮮戦争にかけての経緯については、特に断りのある場合を除いて、文『新・韓国現代史』に基づきます)。

一九四五年八月、日本の敗戦によって朝鮮は長年の植民地支配から解放されます。日本の敗戦と解放は、朝鮮の独立運動家たちが想定していたよりも早く訪れました。もう少し日本の敗戦は先だろうと思われていたのですね。日本に対する抵抗運動はずっと行われていたものの、朝鮮の独立運動家たちによる解放と独立の準備は、あまり進んでいない側面がありました。日本の敗戦を受けて、アメリカとソ連が朝鮮半島にやってきます。

日本軍が武装解除され、朝鮮から引き揚げると、朝鮮は米ソの分割占領下に置かれます。朝鮮半島には、アメリカに先んじてソ連が進出していました。アメリカはソ連がそのまま朝鮮半島全島を占領することを恐れ、ソ連に対して朝鮮半島の分割占領案をもちかけます。これをソ連が受け入れたことから、朝鮮は北緯三八度線を境に、米ソによって南北で分割占領されることになったのです。

米ソの占領は、あくまでも信託統治とされていました。つまり、朝鮮が独立するまでの暫定的な占領、ということです。一九四三年一二月、米・英・中が日本との戦争目的を示したカイロ宣言では、朝鮮の独立が規定されていました。戦争中、朝鮮の独立が戦争目的の一つになっていたわけですから、米ソが無期限・無条件で朝鮮を占領することはできなかったのです。

信託統治案が発表されると、朝鮮ではその賛否をめぐって激しい対立が生じました。日本の支配から解放されたのに、なぜ分割統治されなければならないのか、という想いをもった人は多かったでしょう。こうした情勢を受けてアメリカは、信託統治案を覆して、朝鮮の戦後処理を国際連合に委ねる、という決断を下します。国連は、全朝鮮での総選挙実施を目指しましたが、北側で反対論が出されたため、南側だけで単独選挙が行われることになりました。

　こうして朝鮮は南北に分断されたまま、一九四八年に大韓民国と朝鮮民主主義人民共和国がそれぞれ樹立されることになったのです。つづく一九五〇年六月には、北朝鮮が南北統一をめざして朝鮮戦争を引き起こします。一九五三年に停戦協定が結ばれるまでに、南北朝鮮で膨大な被害が生じています。朝鮮戦争研究の第一人者、和田春樹は、①北朝鮮が死者や難民で失った数は約二七二万人、②韓国の人口損失が一三三万人、と推計しています（和田『朝鮮戦争』、同『朝鮮戦争全史』）。また、一九五三年に締結されたのは「停戦」協定、であって平和条約ではありません。朝鮮半島の緊張状態は、この後紆余曲折《うよきょくせつ》を経ながらも、現在まで続いているのです。

### ◉影を落とす日本の「変わらない意識」

さあ、ここで少し立ち止まって考えてみましょう。日本の植民地支配から解放された後の朝鮮の歴史を紐解《ひもと》くと、どんなことが分かるでしょうか？　先ほど問題提起した、「一九四五年八月一五日以降は「戦後」で平和な時代」という歴史のイメージ、これは日本についてはある程度当てはまるとしても、朝鮮の人びとには当てはまりませんよね。朝鮮の人びとは日本が敗戦した後も、「米ソによる分割占領→南北分断→朝鮮戦争」という歴史の激流のなかに放り込まれました。これは、とても「戦後」「平和」といえる状況ではありません。

また、朝鮮半島での分断や被害が生まれてしまったそもそもの原因は、つきつめると日本による植民地支配にあります。もし、朝鮮半島を日本が植民地支配していなければ、そして、日本がアメリカやソ連と戦うことがなければ、朝鮮が米ソに分割占領されたり、南北に別の政権ができて、相互に対立したりすることもなかったはずです。日本による植民地支配や対米ソ戦争は、朝鮮の南北分断と深い関わりがあるのです（家永『戦争責任』）。

### ◉日韓会談始まる！

日韓の国交正常化交渉は、こうした経緯を経て開始されたものでした。日韓会談で植民地支配の問題を問うことは、韓国側にとって極めて重要な課題だったのです。しかし、一方の日本側は植民地支配の問題を正面から取り上げようという意識はほとんどありませんでした。ここで第二章の内容を思い出してみましょう。帝国主義や植民地主義といった考え方は、占領期の日本で清算されていたでしょうか?? 答えは「NO」ですね。東京裁判もサンフランシスコ講和会議も、日本の植民地支配の問題を棚上げしていました。日本が帝国主義・植民地主義の考え方を改めるきっかけは、占領期にはほとんど存在しなかったのです。

また日本の植民地支配の終了は、敗戦に伴う日本軍の解体と引き揚げが、直接的な原因でした。ここで、中学や高校の世界史の内容を思い出してほしいのですが、第二次世界大戦後、欧米諸国の植民地だった地域では、再び植民地支配を行おうとする宗主国と現地の人びととの間で、独立戦争が生じていましたよね。オランダのインドネシア戦争、フランスのインドシナ戦争などがその一例です。旧宗主国側(欧米諸国)では、こうした独立戦争で膨大な犠牲者が出ましたから、植民地支配への見直しが一定程度、進んでゆくことになります。

しかし、日本側はこうした独立戦争に直面することもなく、ほとんど痛手を負うことなく植民地支配を終えました。こうした事情もあって、日本では植民地支配に対する責任意識が希薄なまま「戦後」がスタートしたのです(荒井『戦争責任論』)。

「植民地支配の問題を正面から問いたい韓国側と、帝国主義・植民地主義への反省をしないままの日本側」という構図が、会談の「前史」の段階で生まれていたのです。

日韓の交渉は、一九五一年一〇月の予備交渉から始まり、六五年の六月まで続きます。とても交渉期間が長く、議題とされたトピックも多いので、まずは箇条書きにして日韓会談で問われた内容を整理しておきたいと思います。まずは斜め読み程度でも良いので、交渉の流れをみて下さい。会談全体のポイントについては次の項目で確認します。なお、箇条書きにある「請求権」というのは、被害や損失に対して請求する権利のことを指します。ここでは、日本の戦争や植民地支配による被害について、何をどこまで補償対象とし、請求を可能とするのかが争点となります。また、「漁業問題」とあるのは、日韓の漁業が競合する海域でどのように操業してゆくかが論点となったものです。

- 一九五一年一〇月二〇日、予備交渉始まる。在日朝鮮人の法的地位、外交関係の樹立、請求権問題、漁業問題などを、今後の会談の議題とすることに決定。
- 一九五二年二月一五日〜四月二四日、本会談。請求権、漁業問題などが議論される。
- 一九五三年四月一五日〜七月二三日、第二次会談。請求権、漁業権が議論される。

・一九五三年一〇月六日〜二一日、第三次会談。請求権などについて議論される。
・一九五八年四月一五日〜八月一一日、一九五九年八月一二日〜一九六〇年四月一五日、第四次会談。請求権、漁業問題などについて議論される。
・一九六〇年一〇月二五日〜一九六一年五月一五日、第五次会談。請求権、漁業問題などについて議論される。
・一九六一年一〇月二〇日〜一九六四年六月三日、第六次会談。請求権問題が最優先課題になる。日本側が無償三億ドル、有償二億ドル、民間借款一億ドル以上の対韓経済協力、という合意線にまとまる。
・一九六四年一二月三日〜一九六五年六月二二日、第七次会談。一九六五年二月に日韓基本条約の仮調印がなされ、六月に日韓基本条約と日韓請求権協定の調印がなされた。

（以上、吉澤「総論」、同『日韓会談１９６５』、太田『日韓交渉』に基づき整理）

## ◉会談が長引いた原因

それでは、この会談のポイントを順にみてゆきましょう。まずは、みなさんも気になったであろう、この交渉の「長さ」について考えます。条約を締結するまでにほぼ一三年半もかかっています。では、その原因はどこにあったのか。いろいろな要因がありますが、なかでも大きな壁となったのが、日本側の歴史認識の問題でした。第三次会談と第四次会談の日にちに注目してください。第三次交渉ののち、交渉が四年半も中断していることが分かります。第三次会談の際、日本側の交渉担当者の一人であった久保田貫一郎《かんいちろう》(外務省参与)は、賠償を求める韓国側に対して、次のように発言していたのです。

日本側としては、韓国においてハゲ山を緑にしたこと、鉄道を敷いたこと、港湾を建設したこと、米田を造成したこと、大蔵省の金を多い年は二千万円、少ない年でも一千万円を持ち出して韓国経済を培養した(外務省アジア局第二課「再開日韓交渉議事要録／請求権部会第二回」)。

久保田の発言を受けて、韓国側は激怒してその後会談は中断を余儀なくされます。朝鮮に対する植民地支配がどのような経緯で行われたのかについては、第一章で確認したとおりです。植民地支配とは、相手を自分に服従させて、自分にとって都合の良い政治・経済の体制を押し付けることが目的です。植民地支配は、支配される側からすれば、搾取と抑圧に他なりません。このような根本的な認識が、久保田の発言では抜け落ちていたのです。

なぜこのような発言が行われたのか。さきほど日韓会談の「前史」の部分でも確認しましたね。戦後の日本社会では、帝国主義・植民地主義の発想が根強く継続していました。当時、久保田発言を追及する声は、日本の国会やメディアでもほとんど上がりませんでした（宇田川『私たちと戦後責任』）。帝国主義・植民地主義への無反省、言い換えれば、基本的な歴史的経緯の無視が、日韓会談を大きく遅らせることになったのです。

## ◉交渉の再開 ―― 政治的思惑が交差する

では、なぜ交渉が再開されることになったのでしょうか。残念ながら、日本側が反省したから、というわけではありません。この時、岸信介内閣は対米自立を掲げながら、韓国を含めた対アジア外交を積極的に進めてゆくという方針を採っていて、韓国との国交正常化を急ぎたいと考えていました。

一方の韓国側には、南北分断という政治情勢が大きな影を落としていました。先ほど確認したように、朝鮮半島は南北に分断されて二つの政権が樹立され、相互に対立する状況にありました。日韓会談の頃、北朝鮮は日本との関係改善を進める動きをみせていたため、韓国側はこれに対抗しようと考えていました。日本が北朝鮮の側に引き入れられる前に、日本との国交正常化を進め、連携を強化しよう、ということですね。こうした互いの政治的思惑もあって、日韓会談は再開されることになったのです。日本による植民地支配への反省や謝罪、という根本的な論点を棚上げにしたまま会談が再開された形です。

第五次会談の頃になると、今度は韓国の経済復興のために会談を早期妥結するという、動きが強まってゆきます。北朝鮮で経済復興が比較的順調に進んでいた一方で、韓国側の経済状況は思わしくなく、その財政はアメリカからの援助に大きく依存していました。ところがアメリカの財政が悪化し、韓国への援助は一九五七年をピークとして、減少傾向に転じます。一九六〇年代、アメリカや日本との関係を軸にした経済発展という選択肢が、韓国政府にとっていっそう重要なものとなっていたのです。日本側もこうした動きを歓迎し、韓国の経済開発を急いでゆきます。

こうして、日本、アメリカ、韓国という三国が会談の早期妥結に向けて動き出します。経済復興が優先され、請求権など、会談の妥結を阻む要因と考えられた問題は「消去」(巧妙にうやむやにして妥結を目指す、という意味)が求められるようになってゆきました(以上、吉澤「総論」、同『日韓会談1965』、太田『日韓交渉』)。

## ◉賠償ではなく「祝い金」

こうして、日韓の合意線としてまとまったのが、無償経済協力三億ドル、有償経済協力二億ドル、民間経済協力一億ドル以上の経済協力を行う、というものでした(第六次会談)。無償・有償の経済協力は日本政府が行って、民間経済協力は企業が出資するといった内容です。民間経済協力は、その後の交渉で三億ドル以上とされました。こうした金額は、日本に対する請求権の規模を見越しつつも、韓国の経済開発に必要な金額や、日本が韓国に対して経済協力に注ぎ込むことのできる金額がより重要な算定基礎となりました。つまり、請求権の問題、日本側の歴史認識、そして、植民地支配への謝罪や償いといった根本問題は、うやむやにされたまま、妥結が行われたのです(吉澤『日韓会談1965』)。

なお、「経済協力」を、日本側は「補償」や「賠償」とは考えていませんでした。一九六五年一一月五日の国会で、椎名悦三郎《しいなえつさぶろう》外務大臣は、経済協力について次のように説明しています。「新しく発足する韓国というものに対して、お祝いと言っては語弊があるが、りっぱに育つようにということで、主としてこの経済協力の問題は考えられておる」(第五〇回国会衆議院日本国と大韓民国との間の条約及び協定等に関する特別委員会、第一〇号)。経済協力は「独立の祝い金」、これが日本側の認識でした。日韓基本条約や請求権協定で「賠償は済ませた」と主張することは、日本政府の認識に従っても不可能だということになります。

## ◉未解決のままの補償問題

それでは、こうした会談の流れを踏まえると、日韓会談にはどのような特徴や問題点があったといえるでしょうか。整理してみましょう。

まず、久保田発言が象徴しているように、植民地支配に対する責任や、帝国主義、植民地主義という考え方は全く清算されることなく会談は終わった、その点は押さえておく必要があります。韓国側にとっての最重要課題であった、植民地支配への根本的反省を日本にさせる、という課題は残ったままでした。このため会談では、日本軍「慰安婦」問題、「徴用工」問題など、植民地支配に関連して生じた犯罪や被害が、主たる論点になりませんでした。朝鮮に対する植民地支配、朝鮮の人びとが蒙った戦争被害について、補償問題は未解決のままとなったのです(吉澤『日韓会談1965』、太田「日韓会談文書公開と「過去の克服」」)。

また会談は、日本、韓国、アメリカの政治的思惑に最後まで左右されていました。つまり、別の言葉で表現するなら、戦争と植民地支配の被害者の視点が欠如していた、ということになります。

植民地支配に対する責任の未精算、日本側の変わらぬ歴史認識、被害者視点の欠如。現在も日韓で歴史認識問題が重大案件として残ってしまっている原因の一端が、ここにあります。

日韓請求権協定は、「両締約国およびその国民」の「財産および請求権に関する問題」が「完全かつ最終的に解決された」としているのですが、ここでいう「請求権」とは具体的には何を意味しているのでしょうか。当時の日本政府の解釈では、これは外交保護権を放棄したものであって、被害者個人の権利を消滅させるものではない、とされていました。外交保護権というのは、国家が自分の国に属する国民の受けた被害について、被害を与えた国に対して補償を求める権利のことをいいます。要するに、国家と国家の間で行使する権利であり、主体は国家だと思っていただければと思います。

個人の請求権は残っている、という日本政府の考え方は条約締結後も踏襲されていて、一九九〇年代の段階でも、同じように国会で説明していました(序章で紹介した答弁ですね)。これが二〇〇〇年代に入った後に、「手のひら返し」が行われて、個人の請求権は残っているが、被害者が裁判によって請求を行うことはできない、という解釈が採られることになります。ただこの場合も、個人の請求権自体は残っているという理解に変わりはありません(山田ほか『徴用工裁判と日韓請求権協定』)。これらの事実は、あとで検討する徴用工問題のところで再度出てきますので、よく覚えておいてください。

### ◉ちょっとした応用問題――さかのぼり、比較し、往還する

ではここで日韓会談をテーマにこんな問いを考えてみましょう。「サンフランシスコ平和条約の時と比べて、日韓会談によってどこまで戦後処理は進んだといえそうか」。

まずはいつものように、「さかのぼる」ことから始めます。サンフランシスコ平和条約で未解決となった日韓の戦後処理を話し合う場が日韓会談でした。では、サンフランシスコ平和条約の時に残された、日韓に関連する課題とは何だったでしょうか？　そう、帝国主義・植民地主義の継続、という問題でした(第二章を思い出してください)。アメリカ、日本、イギリスという帝国主義国家が、韓国の招請を拒んだ、ということも確認しましたね。それゆえ、韓国は戦後処理について、講和会議という大事な機会に何も主張することができなかったわけです。この一方で、日本の政治と社会は、植民地支配のもった問題をほとんど自覚することなく、高度成長の時代を迎えることになりました。

では、平和条約を締結してから一四年が経過した日韓会談が終了した段階での状況はどう

だったでしょうか？　今度は「比較」です。日韓会談でも、日本側が植民地支配に対して反省することはありませんでした（久保田発言はその典型です）。また、被害者を置き去りにして、政治的思惑を優先して条約の早期成立を目指す、という進め方も、平和条約の時と全く同じではありませんが、引き続き行われていました。このため、植民地支配によって生じた被害や、日本側の植民地支配に対する認識は、会談の主たる論点からは外れていきました。

確かに、日韓の国交正常化を達成したということを「前進」と捉えることもできるかもしれません。しかし、日韓会談は、①日本側に帝国主義・植民地主義の継続がみられること、②被害者不在の進め方がなされていたこと、という二つの点で、平和条約の時と同じであったということも事実です。

根本的な解決がなされなかったため、日本に対する被害者の追及は続くことになります。こうした追及は、特に一九九〇年代以降に盛り上がりをみせ、二〇二〇年代の現在も続いています。被害者の想いを無視して政治的な妥結を優先したり、戦争や暴力への反省を怠ったりしていると、問題は長期化し、その分だけ苦しむ人が増えてしまうということが分かります。「一九四五年八月一五日以降は平和な時代」という歴史認識では、なぜ韓国の人びとから今でも追及の声が上がるのか、という点を理解することができなくなってしまいます（占領期、日韓会談、一九九〇年代、現在、という複数の時期を往還して問題を考察してみました)。

## 2　沖縄からベトナムへ飛ぶ爆撃機――ベトナム戦争と日本

### ◉沖縄から日本の「戦後」を考える

二つめのケーススタディは沖縄です。職業柄、私は高校の日本史の教科書(日本史B、日本史探究)で、近現代の歴史がどのように描かれているのか、定期的にチェックすることにしています。実は、その度に私が思うことが一つあるのです。それは、「日本の歴史教科書は、まだまだ支配者の視点で歴史を描いているな」ということなのです。特に、近現代史での沖縄の描き方をみてそう感じます。「本土」の「当たり前」を、無理やり沖縄の歴史に当てはめて記述している、というのが私の印象です。

早くから、女性や沖縄の視点で歴史を描いてきた、歴史学者の鹿野政直《かのまさなお》は、沖縄戦後史を入れることによって初めて、日本戦後史というものが、事実上「本土」戦後史として描かれていることが分かった、と話しています(新城・鹿野『対談　沖縄を生きるということ』)。

一九七一年八月一五日付朝刊の『読売新聞』で、我喜屋良一《がきやりょういち》(琉球大学教授)は、「終戦記念

日といってもも沖縄にとってはあまりピンとこない。当時すでに沖縄は、二ヵ月前に悲惨な沖縄戦の末、米軍に占領されていたし、そしてその米軍がまだいるからである」と書いています。ここには、「一九四五年八月一五日以降が「戦後」で平和な時代」という歴史観とは異なる、想いが述べられています。

沖縄の視点から「戦後」を見直してゆくと、「本土」が「当たり前」と思っていることは、実はそうではないということがみえてきます。そして、「本土の当たり前」が、不必要な苦痛をたくさんの人たちに与え続けている、ということも分かってきます。

では、沖縄とベトナム戦争の関係をみてゆく前に、「前史」にさかのぼりましょう。

まずは第一章で扱った時期についてです。一八七二年、明治政府は琉球王国を日本領とする方針をたて、ここに政府直属の琉球藩を置いて支配します。一八七九年には琉球藩を廃止して沖縄県を設置します。これら一連の過程を、教科書では「琉球処分」として紹介しています。なお「琉球処分」というのは、元々歴史学の世界では、強引な政策をとった日本政府を批判する文脈で用いられていましたが、結果として施政者の側の考え方を容認するものになってしまったため、この用語を用いる際には注意が必要です（森「琉球は「処分」されたか」）。

では、近代日本で沖縄の人びとはどのような扱いを受けたのか。大正デモクラシーのところでふれた「帝国の序列」を思い出しましょう。日本人男性を頂点とする社会のなかで、沖縄の人びとは下位に置かれ、差別されていました。関東大震災の際、朝鮮人と同じように詰問され、暴力を受けた沖縄の人がいたことも分かっています(屋嘉比『沖縄戦、米軍占領史を学びなおす』)。

また、近代日本の戦争で、沖縄は大きな被害を受けていました。沖縄戦では住民の四人に一人が亡くなったといわれており、日本軍にスパイだと決めつけられ、虐殺された住民もいました。「集団自決」(最近の歴史学では「強制的集団自殺」と表現することも多いです)を強いられ、たくさんの人びとの命が奪われました(屋嘉比『沖縄戦、米軍占領史を学びなおす』)。近代日本で沖縄は、「内国植民地」として差別と暴力にさらされていたのです。

## ◉続く破壊と暴力

続く第二章では、沖縄戦からサンフランシスコ講和条約体制が確立するまでの状況を確認しました。第二章では、①米軍による沖縄占領の継続、②民主化政策からの排除(選挙権停止など)、③サンフランシスコ平和条約による「本土」からの切り捨て、といった内容についてふれました。一九五五年から五六年にかけて、「本土」のアメリカ海兵隊が沖縄に移駐したのは、沖縄では日本国憲法が適用されておらず、一切の法の枠組みを無視して土地の強制収用などを行うことができるからでした(古関・豊下『沖縄　憲法なき戦後』)。

サンフランシスコ平和条約の発効した日(四月二八日)は、「本土」では主権が回復した日として、祝い事として扱われることもあります。しかし、沖縄では四月二八日を「第二の琉球処分」「屈辱の日」として認識する人もたくさんいるのです(新崎「沖縄から「平和憲法」を問い直す」)。

米英が第二次世界大戦後の戦後構想を示した大西洋憲章(一九四一年)やカイロ宣言、そして、ポツダム宣言は、「領土不拡大の原則」に立っていましたから、統治期限がない、事実上の領土割譲に近い米軍による沖縄支配は、これらの考え方にも反するものでした。サンフランシスコ平和条約による沖縄の切り捨てについては、日本の国際法学者からも、「領土不拡大の原則」に基づいて、日本は連合国に公正な決定をするように要請することが可能である、という意見が出されていました(古関・豊下『沖縄　憲法なき戦後』)。

サンフランシスコ平和条約が発効したのちも、沖縄では米軍支配への抵抗が続いてゆきます。一九六二年二月一日、琉球立法院(米軍の施政権下の沖縄に置かれた立法府)は、施政権返還を要請する決議を、国連と国連加盟国に送付しています。これは、沖縄の人びとの意思に反した、不当な支配が行われていることを告発するものでした。この決議は、第一五回国連総会(一九六〇年一二月)で採択された「あらゆる形の植民地主義を速やかに、かつ、無条件に終止させることの必要性を厳かに宣言」した、「植民地独立許容宣言」を引用しています(新崎「沖縄から「平和憲法」を問い直す」)。

ここまでみてきた内容だけでも、「本土」でイメージされる「戦後」とは、かなり異なる時間を、沖縄の人びとが生きていた、ということが分かりますね。こうしたさなか、新たな負担を沖縄の人びとに強いたのが、ベトナム戦争です。

## ◉ベトナム戦争の前線基地となった沖縄

一九六四年の八月二日と四日、アメリカの駆逐艦《くちくかん》がトンキン湾で北ベトナムから攻撃を受けたとする、トンキン湾事件が起こります(後日、八月四日の攻撃はなく、アメリカのでっち上げだったことが判明します。二日の攻撃もアメリカ側の挑発によるものでした)。五日、米軍は報復として北ベトナムへの爆撃を開始し、一九六五年三月には沖縄からもアメリカ海兵隊の派兵が始まります。当時、アメリカは南ベトナムを東南アジアにおける共産主義封じ込めの拠点と考え、南ベトナムの反共軍事政権を支援していました。ところが、民族独立、平和中立、民主確立を掲げる南ベトナム解放民族戦線の勢力が急速に広がったことを受けて、全面的な介入を始めたのです。米軍は、この解放民族戦線の背後に、北ベトナム（ベトナム民主共和国）がある、と考えていました。こうしたなかで、沖縄はベトナム戦争の前線基地になってゆくのです（新崎『沖縄現代史』、石川『フォト・ストーリー　沖縄の70年』）。

沖縄からは、連日、アメリカの大型爆撃機B52がベトナムへ飛び立っていきました。一九六九年二月、沖縄タイムスの嘉手納《かでな》支局長だった玉城《たまき》真幸は、「過去に事故を起こしているB52が、今度はいつ、自分たちの家の上に落ちるか分からないという恐怖感は、けっして慣れることのできない、耐えがたいものです」と、写真家の石川文洋《ぶんよう》に語っています（石川『フォト・ストーリー　沖縄の70年』）。

一九六八年一一月一九日、嘉手納基地を飛び立とうとするB52が、機体を道路にぶつけて炎上し、爆弾が誘爆する事故を起こしますが、これを聞いたある老人は、「沖縄戦の当時を思い浮かべて、背筋が凍るような戦慄を覚えた」と述べています（石川『フォト・ストーリー　沖縄の70年』）。ベトナム戦争は、沖縄の人びとのもつ、アジア太平洋戦争の記憶を呼び起こすできごとでもありました。

## ◉広がる被害

このB52の墜落事故で、嘉手納村(現在の嘉手納町)、美里村(現在の沖縄市)の民家の屋根と窓ガラスが爆風で破損し、住民に負傷者が出ました。嘉手納村民大会は、この日のうちにB52の即時撤去を議決しています。一九六九年一月、「いのちを守る県民共闘会議」は、二月に大規模なゼネストを行って基地の機能を麻痺させる計画をたてます。この計画は、「①琉球国に対する薩摩による侵略と琉球処分による日本への併合→②アジア太平洋戦争での惨劇→③日本の敗戦後の二四年におよぶアメリカ支配」という歴史的経緯のなかで生まれた、沖縄の人びとの怒りを象徴するものでした。つまり、アメリカに対する抗議だけでなく、沖縄に犠牲を強いてきた日本政府に対する怒りでもあったのです。

ベトナム戦争のさなか、前線に送り込まれる、あるいは前線から帰還してきた兵士たちのなかには、気持ちがすさんで、様々な犯罪を起こす人も多くいました。米兵による性暴力も多発し、飲食店に勤務する女性が米兵によって妊娠させられるケースが日常茶飯事、という状況もありました(『ETV特集　沖縄の夜を生きて』)。しかし「憲法なき沖縄」では、人びとが殺され、傷ついたとしても、犯人を裁く権限はありませんでしたから、犯人が基地に逃げ込み、軍事裁判を受けたとしても、被害者とその家族にはその内容すら伝えられませんでした。

一九七〇年一二月二〇日、コザ市(現在の沖縄市)で、米兵たちの自動車や基地内の建物が焼き討ちされる事件が起こりますが、これは、沖縄の労働者を車ではねた米兵を、MP(軍の警察)が基地内に連れていきそうになった際、また米兵を無罪にするのか、という声が上がり、発生した事件でした。このコザ事件は、約五〇〇〇人の人びとが参加したとされており、沖縄の基地に対する怒りを証明する事件となりました。

当時、ベトナム戦争や沖縄での反基地運動を取材していた、写真家の石川文洋は、ベトナム戦争に対する「本土」と沖縄の考え方の違いを感じたといいます。石川は、「本土」がベトナム戦争をはるか海の向こうの問題として捉えていたのに対して、沖縄の人びとは、戦争を身近な問題として考えていた、と回想しています。石川によれば、沖縄の人びとは、①沖縄戦に巻き込まれた経験から、ベトナムの人びとの惨劇を体で理解しており、②沖縄の基地の動きによって、ベトナム戦争の動きを察知していた、といいます。例えば、B52爆撃機が沖縄を飛び立った翌日の新聞で、ベトナムへのB52による爆撃が報道されたり、救急車が嘉手納基地と米軍の病院とを頻繁に行き来するのをみて、戦争が激化したことを理解する、といった内容です。戦争で破壊された米軍のジープやトラックを、基地内で働く沖縄の人びとが修理し、再度ベトナムに送り込む、ということもありました。

沖縄という土地、そして自分たちがベトナム戦争に関係し、間接的にではあってもベトナムの人びとを傷つけているという事実に、胸を痛める人がたくさんいました(以上、石川『フォト・ストーリー　沖縄の70年』)。

## ◉返還と残された課題

ベトナム戦争が泥沼化してゆくなかで、日本ではベトナム反戦運動が盛り上がりました。こうした運動とも連動しながら、沖縄では「平和憲法下への復帰」から「反戦復帰」へと運動が転換してゆくことになります。運動は勢いを増し、米軍が排他的に沖縄を支配することは、不可能になってゆきました。こうした情勢を受けて日米両政府は、沖縄返還交渉をスタートさせます(新崎「沖縄から「平和憲法」を問い直す」)。

沖縄返還にむけて日本政府が動き出した背景には、日本が政治大国への道に踏み出そうとする際、領土の一部が同盟国によって支配されているのは不名誉である、という日本政府の思惑がありました(新崎『沖縄現代史』)。またアメリカ側も、ベトナム戦争が泥沼化したことによって、それまでの対アジア政策を転換せざるを得ない状況にありました。

ちょうどこの頃、それまで犬猿の仲にあった米中の関係が正常化していったこともあって、アメリカ側では軍を再編するための検討が行われていました。この検討対象には沖縄の海兵隊の撤退も含まれていたことが分かっています。しかし、返還交渉の過程で日本側が、海兵隊は抑止力となるのだ、という見解を強く表明したこともあって、これをアメリカ側に逆手に取られることになりました。一九六九年一一月、日米首脳の共同声明が発表されて、一九七二年に沖縄が日本に返還されることが決定します。一九七二年五月一五日、沖縄は返還されますが、「本土」の米軍基地が減少した一方で、沖縄の米軍基地はほとんど返還されませんでした(新崎「沖縄から「平和憲法」を問い直す」)。

いうまでもなく、沖縄の人びとの願いは、沖縄を基地のない平和な島に戻すことでした。しかし復帰後も基地縮小は進まず、沖縄では返還協定への疑問が膨らんでゆきました。沖縄には自衛隊も配備されてゆくことになりますが、日本軍が住民を守らなかった沖縄戦での経験から、自衛隊が駐屯することについて強い抵抗感をもつ人もいました(石川『フォト・ストーリー 沖縄の70年』)。日本政府が沖縄の民意を充分に踏まえないまま、返還交渉を行ったため、沖縄では第二次世界大戦での日本軍の行為が問い直され、さらには琉球処分も想起されていったのです(成田『世界史のなかの沖縄返還』)。

時期が少し前後しますが、一九六九年四月一二日、参議院の審議に出席した岸本利実(琉球政府立法院議員)は、次のような意見を述べています。どんなに沖縄の米軍基地が重要だといわれても沖縄県民は認めない。第二次世界大戦の日米の戦争責任、戦争犯罪を永久に糾弾する、と(第六一回国会参議院沖縄及び北方問題に関する特別委員会、第六号)。これは「本土」と日米の政府への厳しい問いかけでした。

一九七三年三月、米軍は南ベトナムを撤退し、その後南北ベトナムは統一されます。ベトナム戦争でアメリカは五万人の戦死者を出し、一〇〇万人以上のベトナムの人びとを殺害しました。米国防長官のロバート・マクナマラは、ここから二〇年経ってから、ベトナム戦争が誤りであったことを認めています。しかし、アメリカ政府も、戦争を支持した日本政府も、公式にはベトナム戦争の誤りを認めていません(新崎『沖縄現代史』)。

### ◉ちょっとした応用問題――さかのぼり、比較し、往還する

ではここで応用問題です。このセクションではこんな問いを考えたいと思います。「一九四五年八月一五日に戦争は終わり、この後は平和な時代が続き、日本は一度も戦争に参加しなかった、というイメージには、沖縄の視点から考えた場合どのような問題があるか」。

まず「さかのぼり」ましょう。この節の最初のところでも確認したとおり、日本の近現代史の展開と並行して沖縄の政治・社会をみてゆくと、①帝国の序列の下での差別→②凄惨な沖縄戦での被害→③米軍政下での暴力と差別→④ベトナム戦争下で強いられた戦争協力と暴力→⑤返還後も残された広大な米軍基地、という大きな流れを確認することができます。沖縄に対する様々な差別と暴力は、時代を超えて継続していた、ということになります。沖縄が国際社会に米軍による支配を告発した背景には、こうした連綿と続く差別と暴力、そして、継続する植民地主義という問題がありました。明治期から日本の敗戦にかけて沖縄が置かれた状況と、日本の敗戦から一九七〇年代までに沖縄が置かれた状況とを「比較」すると、全く同じではないにせよ、沖縄に対して一方的に負担を強制する構造自体は、改められることなく残っていることが分かります。

「戦後」は平和な時代が続いた、「戦後」日本は一度も戦争に参加しなかった、というイメージは、ここまで整理してきた重要な事実関係——沖縄の人びとが、暴力にさらされ続けてきたということ——をみえなくさせてしまう、という問題を抱えています。

では、どうして「戦後」は平和な時代、といった歴史認識が、広く「本土」で定着しているのでしょうか？　それは、ベトナム戦争など、日本がアメリカの戦争に加担する際に、その負担がもっぱら沖縄に押し付けられたために、「本土」の側がほとんど痛みを感じることがなかったためでしょう。ベトナム戦争の際、沖縄の人びとは戦争に加担する苦しみや米軍による暴力から、敏感に戦争の動きや凄惨さを「自分事」として感じ取っていました。一方、「本土」の側では「戦後」に行われた戦争加担に対する痛覚が生まれにくく、現在に至るまで日米同盟の強化が叫ばれ続けています。沖縄現代史を無視した歴史認識は、日本がアメリカの戦争に加担し、国内外に多くの被害者を出し続けている、という事実からも目をそらすことになるのです(ベトナム戦争の時期から、現在の時期にまで検討時期を拡げて「往還」して論点を深掘りしてみました)。

## 3　蝕まれた兵士たちの心

### ◉「戦後」も戦争を生きた人びと

一九七〇年代〜八〇年代、テレビなどのメディアで少しずつではありますが、精神障がいを抱え、戦後も生きざるを得なかった元兵士の存在が明らかにされるようになります。一九七〇年、七一年、そして八四年と三回にわたって放送された、『未復員』というTBSの番組もその一つです。

一九八四年八月末、この番組を制作したTBSの吉永春子が、国立療養所賀茂《かも》病院で患者に行ったインタビューが残っています。この時吉永が取材した元日本兵の一人は、白衣の医者の姿をみると「軍医殿!」と敬礼したそうです。元兵士の時間は戦後間もない時期からストップしていて、吉永が「幾つ?」と聞くと、元兵士は「二十九歳」とすました表情で返事をしたといいます。担当の看護師長が「戦争が終わってから、何年になるかしら」と聞くと、「……満……、なのか……〔満七日〕」と元兵士は応えています。

このインタビューの時点で、本当は日本の敗戦から約四〇年の月日が流れています。それがこの元兵士にとってはたったの「七日」、そして年齢も二九歳のままだったのです。この病院の看護師長の話によれば、別の元兵士は「指令が出てるから、今は、食べちゃあいけない」と本気で話し、二、三日全然食事をとらないこともあったそうです。そこで病院側が、天皇が「御苦労サン」といっているから、と話すと、食べ出したとのことです(以上、吉永『さすらいの〈未復員〉』)。戦時中、日本軍は「皇軍」、つまり天皇の軍隊として統率されていました。断食していた元兵士にとって、絶対とされた天皇の命令や権威は、戦後長い時間を経っても生き続けていたのです。

こうした事例は、他の取材からも明らかになっています。一九八四年、毎日新聞の記者、清水光雄は国立下総《しもうさ》療養所に入院している元陸軍中尉を取材しています。元中尉は、戦時中はラバウルにいましたが、マラリアになったことをきっかけに精神疾患を発症し、戦後四〇年経っても、幻覚をみていました。元中尉は早朝、「行け！」「テヤッ！」「タッ！」という声を出すことがありました。これは、朝の行軍の指揮をとったり、敵の来襲に備えたりしているようだった、とのことです。飛行機をみると敬礼したり、逆に、銃を構えるかっこうをしたりすることもあったそうです（清水『最後の皇軍兵士』）。

ここでは、「戦後」という言葉で一括《ひとくく》りにできない人生を歩んだ、あるいは歩まざるを得なかった人びとの経験から、日本の「戦後」を考えます。

## ◉心を病む兵士が増えた原因とは？

兵士たちの精神疾患の要因の一つとして考えられているのが、「トラウマ」です。トラウマとは、精神医学や心理学で使われている用語です。過去のできごとによって心が耐えられないような衝撃を受けて、それが同じような恐怖や不快感をもたらし続け、現在まで影響を与え続ける状態をトラウマと呼んでいるのです（中村『戦争とトラウマ』）。まずは時代をさかのぼり、心を病む兵士たちがなぜ増えていったのか、その経緯を確認してみましょう。まずは第一次世界大戦の時期についてです。みなさん、第一章の内容を思い出してみてください。第一次世界大戦は国家の総力を挙げて戦う戦争、「総力戦」となりましたよね。このため、戦争の規模がどんどん拡大して、大きな被害が発生しました。

こうした戦争の大規模化や長期化は、それまであまり注目されていなかった、兵士の精神疾患の存在を浮かび上がらせました。例えば、長期間にわたる塹壕《ざんごう》戦で砲撃にさらされて、体に目立った外傷がないのに、震えが止まらなかったり、手足が麻痺《まひ》したり、声が出なくなったりする兵士がたくさん現れました。体には特に傷や病気は見当たらないので、これらの事例は心理的な原因によるものだ、と考えられました。この頃から欧米諸国ではこうした事例が「シェル(砲弾)ショック」、あるいは「戦争神経症」として広く知られてゆくことになります(中村『戦争とトラウマ』、『朝日新聞デジタル』二〇二三年八月一七日)。

日本でも、満州事変以降に大規模な兵力の動員が行われてゆくと、精神疾患になる兵士たちが増えてゆきました。心理的な原因で、精神疾患になったと考えられた兵士たちは、「戦争神経症」、「戦時神経症」だとされました。日中戦争が泥沼化し、戦線が拡大してゆくと、傷病兵の治療体制の整備が大きな課題となり、精神・神経疾患についても、治療を行うための施設を拡充してゆくことが必要になりました。

　こうして一九三八年に、国府台《こうのだい》陸軍病院が精神疾患を抱えた軍人の専門治療機関となります。一九四〇年には、精神障がい者の長期療養のための、傷痍《しょうい》軍人武蔵療養所が設立されています。

　日中戦争からアジア太平洋戦争にかけて、精神・神経疾患を抱える兵士は増加してゆきました。一九三七年一二月から一九四五年一一月にかけて、国府台陸軍病院に入院した精神神経疾患をかかえた患者は一万人を超えています(中村『戦争とトラウマ』)。戦争の拡大は、兵士の心を確実に蝕《むしば》んでいったのです。

## ◉置き去りにされた兵士の心

　こうした深刻な被害が生じたにもかかわらず、兵士たちの抱える心の傷は、戦後長らく忘却されていました。どうして、兵士たちの心の傷はみえなくされていたのでしょうか？　いくつかの時期を行きつ戻りつしながら、この原因を考えてみましょう。

　みなさん、第一章の内容にさかのぼってください。第一次世界大戦から満州事変にかけて、日本ではどのような動きが生じていたでしょうか？　総力戦体制を築こうにも、日本はそのための資源が圧倒的に不足していましたよね。そこで、とられた方向性の一つが、「精神力で補う」というものでした。満州事変以降、日本精神などが極端な形で強調されてゆくなかで、日本軍には恐怖や不安が原因で、「戦争神経症」になる将兵はいるはずがないのだ、という主張が広く流布されてゆきます。日中戦争初期の段階で、陸軍省や国府台陸軍病院の関係者たちは、「戦争神経症」の患者が日本軍では出ていない、あるいは患者は少ないのだと、事実に反する内容を議会や社会に向けて発表していたのです。

また戦時中、多くの精神医学者たちが、軍隊で精神疾患を発症した兵士の大部分が、元々精神病者であった、あるいはそうした「素質」があったに違いない、と考えていたことも影響していました。つまり、精神疾患になる原因は戦争ではなく、兵士個人にある、と考えられていたのです。過酷な戦場の実態や、日本軍のなかで兵士に対して行われていた暴力などが、精神に与える影響は見過ごされていました(中村『戦争とトラウマ』)。

もう一つ、精神を病んだ兵士たちの実態を知るための、資料やデータが圧倒的に不足していた、という事情もあります。第二章の内容を思い出してください。日本は敗戦直後、東京裁判などの戦犯裁判によって戦争責任や戦争犯罪について追及を受けましたよね。日本側は、敗戦前後の時期から、こうした戦争責任追及を予期して、追及の材料になりそうな軍や政府の記録を、焼却したり、隠したりしました(宇田川『東京裁判研究』)。この時、日本軍の残した資料も大量に処分されてしまったため、精神疾患をかかえる兵士について、全体像を示す統計などがあまり残されていないのです。

また、敗戦によって陸海軍が解体されたことも、影響していました。戦時中、軍隊での精神疾患について注目していたのは、他ならぬ日本軍でした。戦後の陸海軍の解体は、兵士の精神疾患について関心を寄せていた組織が解散する、という意味ももっていました。精神疾患を抱える兵士たちへの関心は、陸海軍の解体と並行して消えていった側面があるのです。

日本でトラウマへの関心が高まるのは、一九九五年の阪神・淡路大震災や地下鉄サリン事件で心に傷を負う人びとが生じて以降だといわれています(以上、中村『戦争とトラウマ』)。

## ◉いつまでも続く「戦争」

また、かなり長い時間が経ってからトラウマが現れるケースもあります。晩発性PTSDと呼ばれる症状もその一つで、壮年期には症状がなく、晩年になって発症するのがその特徴です。例えば、沖縄戦を経験した高齢者が不眠を訴える、といったケースが確認されています。

戦後、国会で国内の戦後補償に関する法案をめぐって議論が展開されるのですが、この際、戦争で発病した精神疾患者への処遇をどのように改善するかも論点とされました。議論の結果、補償額や補償範囲の拡大など一定の成果が得られましたが、それでも補償からもれる精神障がい者もいました。また、補償対象とするかどうかの判断の際、発症した時期に限定がかけられていたので、数十年もあとになって発症する可能性もある、遅発性ＰＴＳＤを抱える兵士たちは、対象外となった可能性が高い、といわれています。戦争神経症患者のうち、恩給の対象になったのは全体の一割程度であった、という事実もあります。

さらに、精神疾患を抱えた兵士たちが声を上げにくい構造が、戦後の日本社会には存在していました。それは、精神疾患を抱える人びとへの差別の問題です。一九六六年、「二〇年後の予後調査からみた戦争神経症」という論文を発表した、医師の目黒克己は、精神疾患を抱える兵士たちへの調査を行った時、社会に精神病患者への差別があり、彼らと日本社会とがきりはなされていた、と証言しています。症状が軽くても本人がいわない、もし誰かにいえば、就職も結婚もできない、出世もできないというのが普通だった、といいます。彼らは精神病であるということ自体を恥だと考えていたそうです（中村『戦争とトラウマ』）。

精神科医の五十嵐善雄の証言によれば、ある患者の元兵士は、日本に帰国したのちに発病して、幻聴や自傷行為が続いていたとのことです。戦時中、元兵士は学徒出陣で旧満州に出征し、四年間ソ連に抑留されて帰国した、という経験をもっていました。四〇代後半から、約三〇年間の入院生活を送ったそうです。

この元兵士は、五十嵐に幻聴の内容を語るようになったといいます。二〇一二年、元兵士は、戦時中に上官の命令で罪のない市民を殺してしまった、と涙を流しながら語ったそうです。五十嵐が話を聞いてゆくなかで、この幻聴は、死んでゆく人びとの声や表情がフラッシュバックしたものであることが明らかになりました(中村『戦争とトラウマ』)。

**◉ちょっとした応用問題――さかのぼり、比較し、往還する**

このトピックのまとめをかねて、また応用問題に取り組んでみたいと思います。今回の問題は次のとおりです。「戦時中、精神疾患を抱えた兵士たちの存在をみえにくくさせたり、彼らを苦しめたりすることとなった社会の構造は、戦後どこまで克服されたといえそうか」。

まずは「さかのぼり」ましょう。戦前・戦中と、心を病んでしまう兵士が生まれ、被害が増加した最大の要因は、戦争の長期化や大規模化でした。そして、満州事変以降になると、極端な精神主義が鼓吹されるなか、日本軍には精神疾患を抱える者はいないのだ、といった宣伝も展開されていました。これは、心の病をもつ者の存在をみえなくさせ、彼らを日本軍内で「あってはならない存在」へと押しやり、その尊厳を傷つける構造でもありました。

では、こうした構造は、戦後どこまで変化したでしょうか。今度は、彼らを取り巻く社会状況について、戦時中と戦後を「比較」してみましょう。軍が解体したこともあって、戦後は、精神疾患を抱える兵士への関心をもつ人自体が、減少してゆきましたよね。精神疾患に対する差別も、戦後日本の社会には存在しました。つまり、戦前・戦中と完全に同じ構造ではないものの、無関心と差別という構造が、彼らの存在を引き続きみえなくさせ、また彼らを苦しめてゆきました。戦後、世の中が高度成長を迎えて華やいでいても、彼らは引き続きこうした構造のなかで「戦争」を生きなければなりませんでした。

なお、戦後は日本国憲法によって平和主義の原則が明示されたため、かつてよりも日本が戦争を起こす可能性は少なくなっているようにみえます。しかし、ベトナム戦争のところでも確認したように、日本がアメリカの戦争に加担する、ということは戦後も続いています。二〇一五年五月二七日の国会審議では、イラク戦争に派遣された自衛官のうち、五四人が自死したことについて質疑が交わされています。自死と海外派遣との因果関係を特定するのは困難な場合が多い、というのが政府の答弁ですが、今でも「戦争とトラウマ」は、日本にとって「他人事」では済まされない問題なのです（中村『戦争とトラウマ』）。

ウクライナ戦争をはじめ、今でも世界中で戦争や暴力が起きています。心を病んでしまっている兵士や市民もたくさんいると思います。だとするならば、戦時中、そして戦後の日本のケースのような、精神疾患の実態をみえにくくする構造が、今の世界にもありはしないか、ということをていねいに点検してゆくことが必要になります。被害がみえにくくなってしまうと、被害に遭った人たちの心のケアが遅れてしまうだけではなく、精神を病む根本原因となった、戦争や暴力の実態、ひいては、こうした事態を引き起こした政治や社会の責任なども、闇に葬られてしまいます（戦時、戦後、現在、未来、という異なる時点を「往還」しながら、この問題について、今後私たちが取り組むべき課題を考えてみました）。

## ●まとめ――高度成長期前後のできごとから「現在」を考える

いかがだったでしょうか。高度成長の時代、戦争は次第に忘れ去られる傾向にあったものの、たくさんの人びとが引き続いて深刻な苦痛を抱えていました。戦争や植民地支配の被害は、想像以上に後に残るものなのだ、という感想をもった人もいるでしょう。

韓国の人びと、沖縄の人びと、そして、精神疾患を抱えた元兵士たち――。こうした人びとの存在は、いったん戦争と暴力が引き起こされてしまうと、そう簡単にその傷を癒すことができない、被害をなかったことにすることなどできない、ということを示しています。戦争や植民地支配が原因で、その後も故郷を分断され、新たな戦争に巻き込まれる、というケースも確認しました。

　こうした人びとの歴史をみてゆくと、私たちは果たして「戦後」という言葉を軽々しく使ってよいのだろうか、という問題にもゆきつきます。あるいは、こちらが当たり前のように「戦争は終わった」「植民地支配は終わった」と考えていても、相手はそうは思っていない、思うことなどできない、ということも多々あります。第三章で取り上げた人びとに向かって、「一九四五年八月で戦争や植民地支配は終わった。その後は平和な戦後という時代が訪れている」という前提に立って、物事を進めようとしたらどうなるでしょうか。これは、不必要な苦痛を与えることに他ならないでしょう。

　二〇一五年八月、普天間《ふてんま》基地の辺野古《へのこ》移設案をめぐって、沖縄県知事の翁《お》長雄志《ながたけし》と日本政府の菅義偉《すがよしひで》官房長官が協議を行いました。ここで翁長が強く訴えたことは、沖縄がこれまで歩んできた苦難の歴史に対する理解です。ところがこれに対する菅の返答は、「私は戦後生まれなものですから、歴史を持ち出されたら困りますよ」というものでした。翁長は「この溝の深さ、言えば言うほど異端扱いされるような寂しさをどう表現すればいいのか」との想いを、自身の回想録に記しています（翁長『戦う民意』）。

菅の発言は、沖縄が強いられ続けている負担の実態や、基地問題が今日にまで続いている歴史的経緯（問題の原因）を無視するものでした。日本の「戦後」を、被害を受けている沖縄の立場に立って考えるという最低限度のマナーも守らない日本政府の態度は、相手に対して不必要な苦痛を与えるだけで、問題の解決を自ら難しくしているともいえます。

様々な人びとにとっての「戦後」があるということ、「多数派」が「当たり前」だと思っている歴史認識が、必ずしも「正しい歴史認識」だとは限らないということ。こうしたことをしっかりと踏まえてゆくことは、社会や人権を守ってゆく上で、とても大切です。

# 第四章◇冷戦終結と終わらない戦争

——一九九〇年代〜現在

## この章の目的――問題の棚上げは新たな暴力を生む

この章では、一九九〇年代から現在にかけての時期を扱います。この時代の方向を決定づける最も大きな転機となったできごとが、東西冷戦の終結(一九八九年一二月)です。大まかにいえば、それまで各国はアメリカ側とソ連側のいずれかの陣営のなかで、もっぱら政治や経済を動かしてゆく、という構図にありました。ところが冷戦が終結すると、米ソ対立という構図自体が崩れ、各国の政治や経済は、今度は地球全体のなかで展開されることになります。そう、冷戦終結はいまよくいわれている「グローバル化」を生むきっかけとなったのです。ヒト、モノ、カネが地球全体を駆け巡る時代が到来します。

すると、国同士、あるいは企業間の競争はいっそう激しくなり、グローバル化に対応できる人たちと、そうでない人たちとがはっきりと分かれるようになってゆきます。その際に力をもったのが、新自由主義の考え方です。簡単にいえば、競争至上主義の考え方にたち、福祉、教育などの予算を削って、大企業などの「儲け」の源とされる分野に集中的に予算や資源を配分する、というものです。日本でも二〇〇〇年代に入る頃から、こうした流れがはっきりと現れるようになりました。貧困と格差が露わになる時代、余裕のない時代を、今の私たちは生きています。

二〇〇〇年代に入る頃から、日本では歴史修正主義や否定論と呼ばれる考え方が力をもつようになってゆきます。「あったこと」を「なかったこと」にしたり、戦争責任や植民地支配に対する責任を棚上げしたりする考え方を、歴史修正主義あるいは否定論と呼びます。「慰安婦の強制連行はなかった」「南京事件はなかった」「日本は何も悪くない」といった主張がそれです。グローバル化に対する反発が、日本第一主義の考えとなって現れ、このような流れに拍車をかけた、と考えることもできるかもしれません。

グローバル化、新自由主義、歴史修正主義・否定論。これらが一体となって進む時代に、近代日本の戦争と暴力をめぐる問題は、どのように扱われたのでしょうか。深刻な人権侵害が、長い間棚上げされるとどうなるのか、この章で確認してゆきましょう。

## 1　人権の視点から日本軍「慰安婦」問題を考える

### ◉四〇年以上の空白

一九九〇年代に入ると、元「慰安婦」による日本への本格的な告発が始まります。一九九一年一二月、初めて三人の韓国人元「慰安婦」が、日本政府の謝罪と補償を求めて東京地裁に提訴し、日本社会に大きな衝撃を与えます。このなかで、唯一実名で名乗り出た金学順《キムハクスン》は、NHKのインタビューにこう応えています。「日本軍に踏みつけられ、一生を惨めに過ごしたことを訴えたかったのです。日本や韓国の若者たちに、日本が過去にやったことを知ってほしい」(吉見『従軍慰安婦』)。こうした訴えをきっかけにして、日本では、日本軍「慰安婦」制度の本格的な研究がスタートし、元「慰安婦」を支え、補償を要求してゆくための市民運動も活発化してゆきました。

しかしこうした研究や運動が、日本の敗戦から四〇年以上も経ってからようやく本格化したということを、私たちはどう考えたらよいでしょうか？

なぜ「慰安婦」とされた人びとの被害が、長い間放置されてしまったのか。日本軍「慰安婦」問題が、人権問題として浮上するまでの経緯を、現在の政治・社会の状況も念頭に置きながら、追跡してゆきたいと思います。

## ◉「被害」を「被害」として認識できなかった原因

まずは、日本の敗戦した時点にまでさかのぼって、この問題を掘り下げてみましょう。実は、日本軍「慰安婦」の存在自体は、戦後日本の社会でも広く知られていました。例えば、田村泰次郎《たいじろう》の小説『春婦伝』（銀座出版社、一九四七年）は、朝鮮人「慰安婦」をテーマにしていますし、映画『人間の条件』（小林正樹監督、五味川純平原作、一九五九〜六一年公開）などでも、「慰安婦」が登場します。

アジア太平洋全域に日本軍の慰安所が置かれていたため、軍人として戦地に行ったことのある人であれば、「慰安婦」を知らないということはほとんどない、という状況もありました。戦地から帰ってきた兵士たちの回想録などでも、「慰安婦」はよく登場します。

しかし、日本の政治や社会は「慰安婦」制度を人権侵害だとは認識していませんでした。兵士たちの回顧録でも、「慰安婦」は単なる「思い出話」として済まされてしまうケースがたくさんありました。日本軍による性暴力や、日本軍「慰安婦」を独立したテーマとして研究し、実態解明を行おうとする研究者も、ほとんどいませんでした。

こうした問題の背景には、女性を主たるテーマとして扱う研究分野(例えば女性史など)が、戦後日本で置かれていた状況がありました。女性史研究の草分け的な存在の永原和子は、自身の研究人生を振り返りながらこう述べています。民主主義科学者協会(略称は民科、一九四六年に創設された研究者の団体)の女性史研究会に参加した際、「婦人問題」は一つの学問体系をなしていないという理由で、他の「部会」より一段低くみられていて、「部会」を名乗れず「研究会」と称していた。民科は当時最も民主的な組織だとされていたが、そのなかでも「女性問題はこのような理解しか得られない時代であった」(永原「女性史の道をたどって」)。永原は、以上のように回想しています。

このエピソードの詳しい時期は明記されていないのですが、前後の記述から考えて、これは一九四七年から四九年頃のできごとだと思われます。この回想に出てくる「民科」の研究活動は、専門部会に分かれて行われていて、例えば、法律部会、歴史部会、哲学部会などが置かれていました。女性史は軽視され、「部会」よりも下位の「研究会」で扱われていた、ということですね。人間にとって大切な問題を、社会に「みえる」ようにしてゆくのが学者の仕事ですが、学界においても女性史などの分野は軽視されていたのです。

もう一つ、日本の戦後処理にも重大な問題が潜んでいました。

第二章の内容を思い出してみてください。日本の戦争責任を追及した、東京裁判の審理にはどのような特徴があったでしょうか？　裁判官も検察官もみな男性で、女性の視点はほとんど確保されていませんでしたよね。女性に対する性暴力の問題はきちんと追及されませんでした。これは、日本社会が「女性に対する性暴力」という論点を意識する、大切な機会が失われたことを意味していました。

次に、第三章の日韓会談の流れを思い出してみてください。会談で、日本側は最後まで植民地支配に対する反省をしませんでした。植民地支配による被害に対して、日本側が謝罪し、被害者への補償を行う、という一番重要な課題が棚上げされたまま、日韓基本条約や日韓請求権協定が締結されました。植民地である朝鮮からも、たくさんの「慰安婦」が日本によって戦場に連れていかれましたが、この被害は日韓会談できちんと問われていません。

女性史の視点の欠落、戦後処理の不十分さ。こうした問題が折り重なってゆくなかで、「慰安婦」の受けた被害はみえにくくされていったのです。

## ◉被害女性の証言を受けて

こうした状況を大きく変えたのが、さきほど紹介した金学順たちの証言でした。証言は、世界中の人びとに衝撃を与えたのです。

被害者の告発は、それまで遅れがちであった「慰安婦」制度の実態解明や、被害者への補償を進めるための市民運動を大きく進展させました。歴史学者の吉見義明は、当時閲覧可能だった関係資料を幅広く発掘・調査し、日本軍「慰安婦」制度の全体像を初めて明らかにしました。吉見義明『従軍慰安婦』(岩波新書、一九九五年)がその成果の一部です。被害者からの聞き取りや関係資料の収集では、学者だけではなく、大勢の市民が参加しています。

研究や市民運動が進んで、「慰安婦」の受けた被害や「慰安婦」制度の実態が詳しく分かるようになってくると、日本政府も「慰安婦」問題への対応を余儀なくされます。一九九三年八月四日、河野洋平官房長官が日本政府の「慰安婦」制度に関する認識をまとめ、談話の形で発表します(河野談話)。河野談話は、いくつかの重要な事実関係を認めています。例えば談話は「慰安婦」問題について、「当時の軍の関与の下に、多数の女性の名誉と尊厳を深く傷つけた問題」だと認めています。「慰安婦」の募集についても、甘言《かんげん》(口先だけの甘い言葉)、強圧など、本人たちの意思に反して集められた事例が数多くあり、官憲などが直接これに加担したこともあった、としているのです。慰安所での生活も、「強制的な状況」の下での痛ましいものだった、としています。

それまで、日本政府は「「慰安婦」は現地の性売買業者が勝手に連れ歩いていた人たち」という見解を採っていましたから、河野談話は大変大きな進展だったといえます。

ただ、河野談話には大きな問題もありました。例えば、とても主語が曖昧《あいまい》であり、歴史学の研究成果や被害女性の証言を充分に踏まえたものになっていない部分があります。すでに多くの研究によって、慰安所を作り、「慰安婦」を集めた主体は日本軍であったことがはっきりしているので、正確には「軍の関与の下」ではなく、「軍が、多数の女性の名誉と尊厳を傷つけた」とすべきです。また、軍だけでなく、総督府、外務省、内務省、警察などの官僚組織も「慰安婦」制度を支えていました(吉見『従軍慰安婦』)。「慰安婦」制度が日本という国家が引き起こした組織的な性暴力であった、という点にまで踏み込む必要があります。

### ◉河野談話のその後

なお、河野談話は歴史研究、歴史教育を通じてこの問題を永く記憶に留め、同じ過ちを繰り返さないという決意を表明する、とも述べていました。

しかし、この後の日本の政治や社会の流れは、河野談話から逆行するものとなりました。一九九七年に設立された「新しい歴史教科書をつくる会」は、それまでの歴史教科書を「自虐的」だと批判して、様々な活動を展開しています。「つくる会」は日本軍「慰安婦」についても、その記述を教科書から削除するキャンペーンを展開しました。二〇〇一年以降、教科書での「慰安婦」の記述は減り、二〇〇五年には全ての中学校検定歴史教科書から削除されています(歴史学研究会・日本史研究会『「慰安婦」問題を/から考える』)。

また、日本政府は「河野談話を継承する」としつつも、実質的には河野談話の内容を否定する行動をとっていきました。例えば安倍晋三首相は、二〇一三年二月七日の国会で、「人さらいのように、人の家に入っていってさらってきて、いわば慰安婦にしてしまったということは、それを示すものはなかった」と発言して大問題になりました(第一八三回国会衆議院予算委員会、第二号)。安倍の発言は、研究や被害者の証言を無視しています。

教科書についても、政府の閣議決定の内容を記載するよう求めるなど、文部科学省の検定意見が付されて、「慰安婦」制度の実態が伝わりにくいものになってしまうケースも発生しています。例えば、二〇二二年三月に発表された文科省の教科書検定を受けて、「日本軍慰安婦制度の犠牲となった韓国人女性」という記述が、「元慰安婦の韓国人女性」と修正されていた教科書もあります(『東京新聞』二〇二二年三月三〇日付朝刊)。「日本軍」という主体がぼかされ、組織的な「制度」であったという点もわからなくなっています。

## ◉世界の中の日本

しかし、「慰安婦」問題への日本の対応については、国際社会から極めて厳しい視線が寄せられています。国際社会では吉見の研究を含めて、私たち歴史学者の研究成果が広く共有されています。「日本軍「慰安婦」制度は深刻な人権侵害である」、「被害女性たちが強制的に集められ、慰安所で人権を踏みにじられたことを示す、たくさんの事例がある」ということは、もはや国際社会の常識です。

二〇一六年三月、国連の人権機関の一つである、女性差別撤廃委員会は、「慰安婦」問題について、日本側の責任を過小評価し、被害者を再び傷つける指導者や公職にある者の発言は、「やめるよう確保すること」を勧告しています。なお、国連では「慰安婦」は「性奴隷」であるという認識が繰り返し確認されています(中野ほか『「慰安婦」問題と未来への責任』)。歴史修正主義や否定論にたった主張を日本政府が続けることは、国際社会のなかでの日本の立場を確実に悪くします。

社会や学界の状況についても確認しておきたいと思います。

これまでの歴史学の研究は、「日本史は日本のことを扱う」「フランス史はフランスのことを扱う」という具合に、一国史的な検討を行う傾向が強くて、ジェンダーや女性の視点への関心も遅れていました。このため、被害を受けた「慰安婦」の存在は、研究者から最も遠いものになってしまい、研究対象になりにくいという問題がありました(歴史学研究会・日本史研究会『「慰安婦」問題を／から考える』)。確かに、九〇年代以降に「慰安婦」制度の研究は飛躍的に進みましたが、限られた一部の研究者たちや市民によって実態解明が進んでいる、という状況は今もあります。また学会の委員の男女比も、いまだに男性が圧倒的なウェートを占めているケースがあります。

### ◉ちょっとした応用問題――さかのぼり、比較し、往還する

それでは、この項目のまとめをかねて、応用問題に取り組みたいと思います。今回の問いはこちらです。「日本軍「慰安婦」制度が重大な人権問題であるということが、なぜ戦後の日本では長らく認識されてこなかったのか。また、問題をみえにくくする要因は現在どこまで克服されているといえそうか」。

まずは「さかのぼり」ます。戦後の日本社会や学界では、多くの場合女性の視点が欠落していました。「慰安婦」問題を考えるための重要なヒントとなる、文学作品や映画などにふれても、人びとが問題の本質に気が付くことはあまりありませんでした。また、東京裁判や日韓会談など、日本の戦後処理の過程でも、女性の視点は踏まえられておらず、「慰安婦」問題が重要な課題として取り上げられることはありませんでした。

次に「比較」です。一九九〇年代以降、元「慰安婦」の証言や告発が相次ぐなかで、日本社会のなかでもようやく「慰安婦」制度は重大な人権問題なのだ、という認識が広がってゆきます。被害の実態解明も急速に進みました。

しかし一方で、歴史修正主義や否定論が大きな勢いをもち、日本の政治が、「慰安婦」制度の実態を捻じ曲げて、被害者の尊厳を傷つける行いを公然としている現状には、かなり問題があります。男性中心社会の継続について改めて考える必要もあります。つまり、被害者の証言の「前」とその後の状況とを「比較」すると、被害の実態解明が大きく進んだものの、女性の視点、あるいは人権と尊厳を守るという発想が、今の日本の政治と社会のなかでも、おろそかにされている、ということになります。

最後に、ここまでの内容を踏まえながら「往還」しましょう。では、私たちは今後どうすればこうした現状を改善することができるでしょうか？　私は、その一つの方法は、「被害者の声を聴く」ということだと思います。「慰安婦」問題が認知されていったきっかけも、被害にあった女性たちが勇気をもって証言したことにありました。最も大切なのは被害者の声を聴き、自分が知らずにいた問題と出会うことです。

なお、「被害者の声を聴くことが大事」ということは、逆にいえば、被害者を抜きにした戦後処理や政治は、被害の救済を遅らせ、問題をこじらせることにしかならない、ということでもあります。これは、現在、そして将来にわたって私たちが絶対にしてはならないことだといえます（敗戦後、九〇年代、九〇年代以降から現在、そして未来という異なる時点を往還しつつ、私たちが今後どのように行動すべきかを考えてみました）。

## 2　帰ってきた日本人捕虜たちの戦後

### ◉元捕虜の終わらない戦争

二〇一〇年、NHKの取材に対して、アッツ島での「玉砕」から生還した、元捕虜の加藤重男は、その想いをこう語っています。「生きて虜囚《りょしゅう》の恥をかいているんですから。あんた

〔取材に訪れたNHKのディレクター〕に恥をかいている……」。絞り出すようにして、加藤はこう証言しています（加藤重男の証言『NHKアーカイブス』）。

一九四三年五月二九日、アメリカ軍との戦闘を経て日本軍は「全滅」しますが、大本営はこれを「玉砕」（玉のように美しく砕け散るという意味）という美名を用いて報道します。戦後の日本側の調査によれば、アッツ島での日本軍の戦没者は二六三八人（米軍上陸前の死亡者も含む）、捕虜となって日本に生還した者は二七人です。つまり加藤は、生存率一％の戦場から奇跡的に生還したことになります。しかし、戦後六五年も経っているのに、加藤は捕虜になったことを「恥」だと感じ、苦しみ続けていたのです。

ここで第一章の内容を思い出してみてください。満州事変で空閑《くが》少佐が自死し、死を賛美する動きが生じたことを説明しましたよね。生きて捕虜になることは、最大の恥とされたのです。

捕虜としての苦しみを強いられた者は、加藤だけではありません。捕虜になったことを家族にもいえず、戦後を過ごした人たちがたくさんいます。彼らはなぜこうした苦しみをひきずって生きていかなければならなかったのでしょうか（以上、宇田川「日本人捕虜の終わらない戦争」。以下、特に断りのない限りこれによります）。

## ◉前史をたどる――日清・日露戦争、第一次世界大戦

捕虜たちはどのような環境に置かれていたのか。まずはさかのぼって確認してゆきましょう。さきほど、満州事変以降に捕虜を許さない考え方が一気に広まっていった、と説明しました。でも実は、満州事変以前の段階でも、捕虜を忌避する考え方自体は存在していました。戦争に捕虜はつきものです。日清・日露戦争の時期、日本は欧米など「文明国」への仲間入りをしなければならない、という点を意識して、国際法の遵守を心がけていたと一般的には理解されています。「陸戦の法規慣例に関する規則」は、捕虜を「博愛の心」をもって取り扱うよう指示していましたから、日本もこの方針に従う必要があります。

しかしこの時期にも、捕虜となることを忌避する考え方が、部分的にではあれ存在していたのです。例えば、日清戦争の際、山県有朋(陸軍大将・第一軍司令官)は将兵に対して、敵の「生擒《せいきん》[生け捕り]」になってはならず、むしろ潔く死を遂げることで「日本男児の気象」を示し、その名誉を全うすべきである、と訓示しています。日本軍では、前近代武士の思想も根強く残っていたのです(山田「日本軍の捕虜観」)。

第一次世界大戦の頃になると、ヨーロッパ戦線で多くの捕虜が生じました。この事態につ

いて陸軍では、精神力で戦う日本軍は捕虜になることなく、捕虜を恥辱《ちじょく》として死ぬまで戦う必要がある、という主張も出されるようになっていました(秦『決定版　日本人捕虜』上)。

## ◉捕虜になること、生きることが許されない

大きな転機が満州事変です。第一次上海事変(一九三二年)の際に中国側の捕虜となった空閑昇少佐が自死すると、日本ではこれを称賛する報道が次々と流されて、捕虜を蔑視する見方が定着していきました。

日中戦争以降、戦争が拡大してゆくと捕虜となる日本軍将兵も増えてゆきました。こうしたなか、兵士の死がはっきりと差別化されるようになっていきました。一九三七年一〇月一五日、司法省は軍人・軍属が戦死した際は、戸籍に「戦死」と記載するよう通達し、翌年には「戦傷死」の記載も加えられるようになりました。「戦死」と「戦傷死」は一般的な「死亡」よりも名誉ある死として扱われました。「戦死」の定義はさらに細かくなり、「戦死」「戦傷死」「戦病死」がはっきりと定義され、これらが戸籍謄本に書き込まれていきます。兵士の死は、名誉の「戦死」「戦傷死」「戦病死」と、逃亡や捕虜など不名誉な「死亡」とに分けられていったのです(内海・上杉・福留『遺骨の戦後』)。

さらに捕虜を許さない、という方針を厳格に規定するルールも現れます。これが「戦陣訓」です。日中戦争が全面化し、戦線が拡大してゆくと、中国各地で日本軍による戦争犯罪が頻発しました。軍紀の乱れを危惧して、日本陸軍は軍人の道徳的基準を明確化するための「戦陣訓」の作成を進めます。一九四一年一月八日、完成した「戦陣訓」は当時の陸軍大臣、東条英機(陸軍中将)の名前で示達されています(内海『日本軍の捕虜政策』)。

この「戦陣訓」に盛り込まれたのが、加藤の証言にも出てくる、「生きて虜囚の辱めを受けず」の一節です。「戦陣訓」にはこう記されているのです。「恥を知る者は強し。常に郷党《きょうとう》家門《かもん》の面目を思い、いよいよ奮励《ふんれい》してその期待に答うべし。生きて虜囚の辱めを受けず、死して罪禍《ざいか》の汚名を残すことなかれ」。

捕虜になってはならない、捕虜になるくらいなら自決せよ、との方針です。また、この文章の中に「郷党家門の面目を思い」の文言があることも重要です。これは、捕虜となることは本人だけでなく、その人物を生み出した「家」の恥でもある、という解釈を生むことになります(山田「日本軍の捕虜観」)。これは兵士にとって大変なストレスです。

## ◉捕虜たちの「戦後」

ＧＨＱの調査によると、日本の敗戦までに捕虜となった者の数は、四万一四六四人にものぼります。一九四五年九月二二日、日本政府は、捕虜はひそかに日本側が受領することにし、あくまでも復員将兵として自然に帰郷させて、彼らへの捜査や処分は行わない、という方針を閣議決定します（秦『決定版　日本人捕虜』下）。一般的な復員兵と同様に扱うという方針なのですが、長年にわたって軍と社会から、「名誉の戦死」を求められた捕虜たちが、「戦陣訓」の発想から解放されるのは、難しいことでした。

国の側でも「戦陣訓」の思想は生き続けていました。恩給には、公務員が戦争などの特殊な勤務についた場合に、その勤務期間を割り増しして評価する、という独特な制度があります。しかし捕虜の場合には、捕虜として収容所にいた期間の加算が認めてもらえないというケースもあったのです。国のルールで、自らの意思で投降した兵士には恩給上の加算が認められていなかったことがわかっているのです（吉田『現代歴史学と軍事史研究』）。

一九八七年に『聞き書　日本人捕虜』を刊行した吹浦忠正は、この本の「あとがき」のなかで、「頑《かたく》なにインタビューを拒否した人、名前を隠す人、家族にさえいまだに捕虜だったことを告げていない人……まだまだ戦後は終わっていない、と嘆じたこともあった」との感想を記しています。「戦陣訓」の考え方は、戦争が終わっても兵士の心を縛り続けていたのです。

元捕虜の加藤は、先ほど紹介したインタビューのなかでこうも述べています。「もう過ぎ去った事はもどらないから、これから先の事を、日本という国を信頼されるように御願いしたいんです」。国や社会に、かつてと同じ過《あやま》ちをくり返して欲しくない。そうした想いがにじみ出た証言だと思います。

二〇一〇年八月一二日、加藤の証言は、NHKスペシャル『玉砕——隠された真実』のなかで紹介・放映されました。放送の翌月、加藤は番組を見届けたかのように亡くなります。葬儀では、番組で放映された証言が繰り返し流されていた、とのことです（横井リーフレット（番組制作者による作品解説））。

## ◉ちょっとした応用問題——さかのぼり、比較し、往還する

では、応用問題です。「元捕虜の人びとを戦後も苦しめ続けた原因とは何か。またこうした苦しみを再び生まないためには、どうすればよいのか」。

まずは基本的な事実関係を「さかのぼる」ことで整理します。日清・日露戦争からアジア太平洋戦争にかけて、捕虜を恥とする考え方が次第に強化され、最終的には捕虜となること

自体を禁じる「戦陣訓」が制定されることになりました。捕虜を恥とし、捕虜となることを禁じるルールは軍によって作られていましたが、こうした背景には、戦争に熱狂する日本の政治と社会の存在がありました。彼らの心の傷の主な原因となったのは、捕虜を許さぬ社会の空気であり、その帰結としての「戦陣訓」でした。

こうした「戦陣訓」の考え方は、当時の国際社会の基準と「比較」しても、異質のものでした。そもそも、当時の国際法は捕虜となることを禁じておらず、捕虜となった者への人道的な取り扱いを求めていました。捕虜の人びとの心を苦しめた背景・原因には、戦争に熱狂し、極端な精神主義や戦争を煽る人びとの声が大きくなるなか、参照されるべき国際的な基準が無視され、捕虜が生きることを否定する考え方が、当時の日本で「当たり前」とされていったという、歴史的経緯があります。

では、戦前・戦中と「比較」して、戦後の日本社会は「戦陣訓の思想」をどこまで克服できているでしょうか。戦後も、恩給面で捕虜となった人びとへの差別が残っていた事実もありました。「戦陣訓の思想」は戦後も消えずに残ったことになります。これは、戦後も元捕虜が苦しみ続ける要因が、引き続き存在していたということを示しています。

つづいて、現在と未来の時点を見据えながら「往還」します。「戦陣訓」が生まれた歴史的経緯や、「戦陣訓」の考え方が戦後も残った経緯を考えると、こんなことが分かってくるのではないでしょうか。①政治や社会が、ある一つの方向に向かって勢いよく動き出した時、一歩立ち止まって物事の経緯を冷静に眺める必要があること、②自分たちが「当たり前」と思っていることが、本当に世界全体で「当たり前」とされているのか、疑ってみる必要があること、③政治や社会が大きな決定をする際に、そこから誰が排除されているのかをていねいにチェックすることが大事であるということ――。

これらの作業を行わないと、戦争や暴力の被害とその原因が棚上げにされてしまい、被害者がどんどん増えてしまいます。これは、現在、そして将来を生きる私たちが、元捕虜の経験から学ぶべき、最大の教訓の一つです。

## 3　徴用工問題という宿題

### ◉被害を受けた側が被害者に賠償する⁇

二〇二三年三月、二〇一八年に韓国の大法院で勝訴が確定した元徴用工の人びとに対して、韓国政府の傘下にある財団が、訴えられた日本企業の代わりに賠償することが発表されました。日本政府はこれを「評価する」としていて、財界やメディアなどでも、日韓関係が「改善」に向かった、と評されました。二〇二三年三月六日の記者会見で、日本経済団体連合会(経団連)の十倉《とくら》雅和会長は、「韓国政府が旧朝鮮半島出身労働者問題の解決策を表明し、これに対して日本政府から評価する旨のコメントが示されたことは、両国首脳の英断であり高く評価したい」とのコメントを発表しています。また、韓国側が設置する財団については、「経団連が当該財団に資金拠出することはない」と断言しました(https://www.keidanren.or.jp/speech/kaiken/2023/0306.html　二〇二四年一〇月一三日閲覧)。

徴用工裁判の判決については、簡単に序章のなかでもふれましたね。徴用工は、日中戦争からアジア太平洋戦争にかけて実施された、戦時労働力動員政策によって強制的に集められ、労働を強いられた人びとのことです。被害にあった韓国出身の元徴用工の人びとが、日本企業を訴えて勝訴したというのが徴用工裁判のあらましでした。

しかし、こうした経緯があったにもかかわらず、簡単にいえば、被害を受けた側が、加害者に変わって元徴用工への賠償をするという、あべこべな対応が行われたのです。

どうしてこのような事態が生じてしまったのでしょうか？　ここでは、序章、第一章、第三章の内容も振り返りながら、この徴用工判決をめぐる日韓の動きを、歴史的に考えてゆきたいと思います。

まずはさかのぼって、朝鮮から動員された人びとがおかれた状況を確認します。

一九三八年に制定された国家総動員法によって労務動員計画が立てられ、これによって、朝鮮半島からもたくさんの人たちが日本に動員されます。この動員は、いくつかの段階を踏んで行われていて、①「募集」(一九三九年〜)、②「官斡旋《かんあっせん》」(一九四二年〜)、③「徴用」(一九四四年〜)の三つの方法で行われました(詳しい内容を次の項目で整理します)。歴史学などの分野では、こうした労務などでの動員を、朝鮮人の強制動員、あるいは強制連行と呼んでいます。つまり徴用工とは、強制動員の被害者を指す用語である、ということになります(竹内『韓国徴用工裁判とは何か』。以下、特に断りのない限りこれによります)。

## ●人びとはどのように集められたのか

次に、朝鮮の人びとがどのように労務動員されたのか、順にみてゆきましょう。最初に行われた方法は「募集」です。日中戦争の全面化によって、日本は本格的な総力戦体制へと移行します。国家総動員法に続いて、一九三九年には国民徴用令が出されて動員体制が強化されます。「徴用」というのは、戦時中などに国家が国民を強制的に何かの職務につかせたりすることをいいます。

一九三九年七月には、労務動員計画が政府によって閣議決定され、「募集」という形による朝鮮の人びとの労務動員が始まります。大まかな「募集」のプロセスを整理してみると次のようになります。①日本の企業が、地方長官（府県知事など自治体の長のこと）を経由して、政府や厚生省に動員を希望する労働者の数を提出する→②希望者数について厚生省の承認を得て、植民地支配の元締め機関である総督府から、朝鮮人を募集する地域の指定を受ける→③現地の官憲と協力して募集を進める。以上のようになります。企業、日本政府、自治体、各省、そして総督府。これらが、動員に関係していたことがわかります。

指定された朝鮮の地域では、職員や警察が協力して、企業による集団募集が行われていました。しかしこの実態は、朝鮮総督府の警察の仕組みを利用した、国策による強制的な集団動員でした。一九三九年一〇月から、募集された朝鮮人は北海道や福岡の炭鉱などに連行されました。

アジア太平洋戦争が勃発して、戦場がアジア太平洋全域におよぶと、労働力への需要はさらに高まっていきました。これを受けて、一九四二年度から始まった方法が、官斡旋方式です。官斡旋方式は、一九四二年二月の「朝鮮人労務者活用に関する方策」（閣議決定）に基づいて進められたものです。これは、①日本政府の承認を得た企業が、朝鮮総督府に朝鮮人労務者斡旋申請書を提出する→②各地域で人びとを集め、軍事的な訓練を行った上で動員する、という手順で進められました。政府や総督府(つまり「官」)が、企業向けの労務動員を「斡旋」する、という形式です。日本政府は、「移入労働者訓練および取扱い要綱」という文書を作成して、動員された朝鮮人を各職場で管理し、統制する仕組みを作っていました。

## ◉史料が示す動員の実態

では、こうした動員の実態がどのようなものだったのか、当時の公文書を基に確認してみましょう。ここで紹介する史料は、小暮泰用「復命書」(一九四四年七月三一日)です。小暮は内務省の嘱託として、朝鮮で労務動員の状況について現地調査を行った人物です。「復命書」とは「報告書」のことです。以下、史料の重要箇所を引用してみます。

> 動員の実情
> 徴用は別として、その他いかなる方式によるも出動は全く拉致同様な状態である。
> それはもし、事前においてこれを知らせば、みな逃亡するからである。そこで夜襲、

誘い出し、その他各種の方策を講じて人質的掠奪拉致の事例が多くなるのである（小暮「復命書」）。

徴用以外の方式、つまり当時の官斡旋方式での動員が、拉致同様の方法で行われている、というのが実態だったことが記されているのです。史料にある「徴用」は、命令で連れてゆく形式で、文字通りの強制なので、当然これも問題です。

動員先だった企業の史料にも、動員や徴用工に関する記述がいくつもあります。例えば、北海道炭礦《たんこう》汽船（北炭）は、戦時中に三万人を超える朝鮮人を動員しましたが、強制的に連行したり、警察や職員が寝込みを襲って人を連行したりした事例などが確認されています。

## ◉軍需会社法の施行とその影響

一九四三年一二月、軍需会社法が施行され、日本製鉄や三井鉱山など、主要な重化学工場や炭鉱が軍需会社（軍事上必要な物資を生産する会社）に指定されます。軍需会社に指定されると、そこで働いている人びとは徴用扱いとされることになりました。これを、軍需徴用、もしくは現員徴用といいます。募集や官斡旋で動員されて、現場に残っていた朝鮮人もこれによって徴用扱いとなっているのです。

今回問題となっている日本製鉄の場合には、現在わかっているだけで、八〇〇〇人以上の朝鮮人が動員されたことが明らかになっています。一九四四年一月に日本製鉄は軍需会社に指定されて、そこで働いていた人びとは軍需徴用されています。そう、募集や官斡旋で動員されて、現場に残っていた朝鮮人も徴用工になったことになります。今回の徴用工裁判の対象となっている、日本製鉄に動員された人びとも、徴用工です。日本製鉄に動員された元徴用工の証言によって、だまされて日本に連れてこられ、酷使されたのに、小遣い程度の給料しか渡されず、未払いの賃金があったというケースや、奴隷《どれい》のような境遇で強制労働に従事させられたケースなどが確認されています。

### ◉朝鮮でも行われた徴用方式

官斡旋による動員は二年契約のケースが多く、一九四四年四月以降になると、帰国を求める朝鮮人も増えていきました。これに対して日本政府は、動員された朝鮮人が日本に定着するよう強要してゆく政策を進めました。朝鮮では官斡旋による動員が続いていたのですが、動員への抵抗が起こって割り当て人数が確保できないことも増えていました。

こうして一九四四年八月、日本政府は「半島人労務者の移入に関する件」を閣議決定して、同年九月から徴用の方式によって労務動員を進めることになりました。手続きは、①政府・厚生省が、地方長官経由で各企業に労働者の割り当て数の認可を伝える→②企業が徴用申請書を、政府・軍需省経由で朝鮮総督府に提出する→③総督府の下で道知事が徴用を発令する、という順で進みました。

内務省の史料によれば、約八〇万の人びとが朝鮮半島から日本に労務動員されたことがわかっています。

さて、ここで第三章の日韓会談の内容を思い出してみてください。日韓会談で、こうした強制動員の被害はきちんと議論され、補償の対象になっていたでしょうか？　そう、そもそも植民地支配の下での被害は正面から問われず、うやむやのまま日韓米の思惑によって早期妥結の道が選ばれたのでした。日韓会談で、日本側は全く植民地支配への責任を認めず、徴用工や日本軍「慰安婦」問題は、事実上議論されなかったのです。こうして被害の実態や被害者への補償は棚上げされたまま、時間だけが経過してゆくことになったのです。

## ◉ちょっとした応用問題――さかのぼり、比較し、往還する

それでは、ここまで確認してきた歴史的経緯や事実を踏まえて、現在日本で展開されている徴用工裁判に関する情報や主張について、考察してみましょう。今回は資料問題形式です。

【問題】
二〇一八年一一月一日の国会で、安倍晋三首相は徴用工問題について以下の「資料」のとおり説明している。この説明にはどのような問題点があるか。またこのような説明を日本側が続けた場合、今後どのような影響が生じると考えられるか。

【資料】

> 政府としては、徴用工という表現ではなくて、旧朝鮮半島出身労働者の問題というふうに申し上げているわけでございますが、これは、当時の国家総動員法下の国民徴用令においては募集と官あっせんと徴用がございましたが、実際、今般の裁判の原告四名はいずれも募集に応じたものであることから、朝鮮半島の出身労働者問題、こう言わせていただいていると

ころでございます」(第一九七回国会衆議院予算委員会、第二号)。

安倍の発言は、原告は「徴用工」ではない、という前提に立っていることがわかります。その結果、「徴用工」ではなく、「旧朝鮮半島出身労働者」との表現が用いられています。これを念頭に置きながら、考察を進めてみましょう。

「さかのぼる」ことから始めます。安倍は「国民徴用令においては募集と官あっせんと徴用」があったとしているのですが、そもそも募集・官斡旋と、国民徴用令は別の制度でしたよね。また、日本製鉄も軍需会社法の適用を受けており、そこの労働者は徴用された扱いになっていました(現員徴用に該当)。従って、「徴用工」と表記しないのは、当時の制度に照らしてもおかしなことです。安倍首相は、当時の法制度についてよく理解しないで答弁している、ということになります。さきほど経団連の十倉会長が、徴用工のことを「旧朝鮮半島出身労働者」と称していることを紹介しましたが、これも同じ問題があります。

また安倍は、募集は強制ではない、という前提に立っているわけですが、これも誤りですね。法的強制は国民徴用令などによる「徴用」が中心なのですが、募集や官斡旋も、警察官などによって強制的に集められたケースが多くあり、物理的強制が働く制度でした(山本ほか

『徴用工裁判と日韓請求権協定』）。

次に「比較」です。当時の国際的な基準（国際法）と比較しても、強制動員の制度や徴用工の人びとが置かれた状況は異常なものでした。強制動員の被害者が置かれた状況は、日本も批准していた、強制労働に関する条約（一九三二年発効）にある「強制労働」にあたり、当時としても廃止の対象とされていたものです。

つまり、募集や官斡旋方式は強制ではない、という前提に立ったり、強制性を薄めた用語表記を使用したりすることは、当時の日本が国際法に違反していたという事実を、みえなくしてしまうのです。

また、二〇一九年七月一九日に河野太郎外相は、韓国大使が日韓両国の企業で拠出して基金を作る案について言及した際、これを「無礼」だとして全く取り合いませんでした。この後、日本側は経済報復によって韓国側に圧力をかけてゆきます（竹内『韓国徴用工裁判とは何か』）。こうして、韓国側に被害者への賠償を肩代わりさせる、という案が決定されてゆくことになります。

こうした流れ、「すごく既視感がある！」と思う方もいるのではないでしょうか。事件の原因や歴史的経緯を無視して、一方的に力で相手を屈服させるやり方。そう、これは植民地主義・帝国主義の発想そのものですね。近代日本と現在の日本政治のあり方を「比較」してみると、このような深刻な「類似点」がみえてくるのです。

最後に「往還」です。ここまでの「さかのぼり」と「比較」を踏まえて、現在の日本側の説明や態度が、今後世界と日本にどのような影響を与えるかを考察してみます。こうした対応を日本が続ければ、①どんなに深刻な人権侵害を国や企業が引き起こしても、歴史的経緯を無視して被害者の側に責任を転嫁しても構わない、というメッセージを、日本が発し続けることになります。そして、②日本の国や企業は信頼を損ない、国際社会で孤立することになる、ということも明らかでしょう。また、③将来、日本側が人権侵害や暴力の被害にあった際に、相手側から「悪いのは全て日本なのだから、日本側で全て被害を救済しろ」といわれたとしても、まともな反論ができない可能性があります。もし反論したとしても、「徴用工に対して日本はどのような対応をしたのか」が必ず問題とされるはずです。

新自由主義の下、過酷な競争が展開され、貧困と格差が広がっているいま、一見「強者」にみえる国や企業も、将来「弱者」「被害者」の立場になる可能性は大いにあります。そうした時代に本来求められるのは、人権をまもる仕組みと実績を作ることです。にもかかわらず、物事の基本的な経緯を無視し、被害者に全ての責任を押し付けて開き直りの態度をとり続けるという行為は、人権を守る仕組みを整えることを、自ら放棄するのと同じことです。日本は、今の時代において極めてリスクの高い、自らの生命と人権を危険にさらすことになりかねないことを、「当たり前」のように行っているのです。

## ◉まとめ――歴史的な視点がないと政治と社会はどうなるか

いかがだったでしょうか？　近代日本の戦争や植民地支配の負の遺産が、想像以上に私たちの社会に残り、継続している、ということに驚いた方もいらっしゃるかもしれません。一度戦争や暴力が行われてしまうと、その傷はなかなか消えません。戦争や植民地支配は、長期にわたって人間を苦しめ、その人生を狂わせるのです。

そして、戦争などによって生じた深刻な人権侵害について、責任や基本的な事実関係を棚上げして、被害者を無視する行為は、傷ついた人間の心を再び蹂躙《じゅうりん》するものである、ということも、この章を通して感じていただけたのではないかと思います。日本軍「慰安婦」問題、日本人捕虜、そして徴用工裁判。これらの問題に共通しているのは、被害にあった人びとが、そもそもなぜ苦しまなければならなかったのか、その根本原因と責任が、戦中、戦後、そして現在と、政治や社会によって棚上げされてきた、という点でしょう。

では、どうすればこのような事態を避けることができるでしょうか？　私は、このために必要なものこそ、「さかのぼり」、「比較」し、「往還」するという、歴史学の方法に他ならないと考えています。なぜなら、この方法を駆使しなければ、問題の実態と経緯は把握できないからです。政治と社会は歴史的な視点がないと、重大な問題が棚上げにされているということにすら、気づくことができない、といってもよいと思います。こうしたことを念頭に置きながら、この章の内容を、あとでまた復習していただければ幸いです。

# 第五章◇歴史的な視点から現在の世界を読み解く

## この章の目的――半径一メートルの世界を飛び出す

この章では、序章から第四章までの内容を踏まえながら、現在の世界と日本で起きている「時事問題」を取り上げ、歴史的に読み解いてゆく作業をしてみたいと思います。簡単にいえば、「応用編」が第五章です。応用編も、進め方はこれまでと同じです。そう、「さかのぼる」、「比較する」、「往還する」という三つの方法を使います。

みなさんは「近視眼的」という言葉をご存知でしょうか。自分の目の前にあることしかみないで物事の判断をしてしまうような、短絡的で視野の狭い様子を表す言葉です。自分の周囲から半径一メートルしかみないような世論が作られ、これが社会や政治、そして世界を動かしてしまったらどうなるでしょうか？　近現代日本がそうであったように、止められるはずの戦争が止められず、不必要な苦痛が生まれます。

しかし、残念ながら今も「不必要な苦痛」は生まれ続けています。この章では、ウクライナ戦争の事例を歴史的に読み解き、今後私たちがすべきことを考えてゆきます(この章自体が応用問題にあたるので、「ちょっとした応用問題」のコーナーは作りませんでした)。

## 1　ウクライナ戦争からみえてきたこと

二〇二二年二月二四日、ロシアがウクライナに侵攻を開始して、ウクライナ戦争が勃発、戦争は現在も拡大・泥沼化しており、被害者が増え続けています。なぜ、戦争は生じたのか。ここでも歴史学の手法を使って考えてみましょう。

戦争は今も続いていますから、詳しい研究はこれからですが、すでに歴史学や政治学などの分野で検討が進んでいます。ここでは、最新の研究成果に基づきながら、問題を掘り下げてみましょう。なお、日本のマスコミでよく使われる「キーウ」(ウクライナの首都)は、翻字法(表示方法)としては奇妙であり、発音もウクライナ語からは程遠いと指摘されています(松里『ウクライナ動乱』)。本書では、「キエフ」を用いています。

### ◉戦争が始まった原因――NATOの東方拡大

まずは冷戦終結以降の国際政治の流れを点検します。ここでまた時間を「さかのぼり」ます。一九九〇年二月九日にモスクワで行われた、ミハイル・ゴルバチョフ(ソ連共産党中央委員会書記長）とジェームズ・ベーカー（アメリカ国務長官）の会談では、ベーカーが北大西洋条約機構（ＮＡＴＯ）の管轄を一インチたりともヨーロッパの東方に（つまりはロシアに向けて）拡大させることはない、という保証に言及していました。この「約束」について研究者の間では、文書化されていないので公式の合意とはいえないとする意見と、口頭での発言も一定の拘束力をもつ、という意見があるのですが（板橋「冷戦後の国際秩序を問い直す」）、ソ連側はこれを約束と捉えていました。

しかし、一九九九年からＮＡＴＯは複数回にわたって新たな加盟国を得て、東方に拡大してゆきました。二〇〇三年にイラク戦争が発生し、これに派兵する旧ワルシャワ条約機構の国がいくつか出ると、アメリカはこれらの国々をＮＡＴＯへ組み込んでゆきました。二〇〇八年、ＮＡＴＯがジョージアとウクライナを引き込もうとすると、ロシアは不安を感じ始めます。二〇一四年にウクライナでマイダン革命（あとで詳しくみます）が発生すると、ＮＡＴＯとヨーロッパの国々はこれを支持し、ＮＡＴＯの東方拡大を推し進め、ウクライナの軍事化を支援してゆきました（ラッツァラート「ウクライナ戦争の背景」、塩川「ウクライナ侵攻の歴史文脈と政治論理」）。こうして、ロシアとウクライナ、そしてロシアとＮＡＴＯ加盟国との緊張が一挙に高まっていったのです。開戦直前に行われたウラジーミル・プーチンの演説でも、

NATOの東方拡大がふれられています。

アメリカ側は、東欧や旧ソ連諸国をNATOに加入させることによってロシアの軍事行動を「抑止」できると考えていました。しかし結果はその真逆になってしまったのです（油井「NATOの東方拡大は戦争を抑止したのか」）。

## ◉新自由主義が戦争を呼ぶ

世界経済の歴史的な流れも、ウクライナ戦争の開始と深く関わっています。ここでまた「さかのぼり」ます。一九七〇年代に登場した新自由主義は、八〇年代のアメリカ、イギリス、そして日本にその拠点を築いていきました。一九八九年の冷戦終結以降、新自由主義はグローバル化によっていっそう加速し、アジア諸国や中東諸国も巻き込んでいきました。アメリカなどによって、新自由主義を拡大させるための戦争が、ここ数十年繰り返されてきました。湾岸戦争（一九九一年）、アフガニスタン戦争（二〇〇一～二〇二一年）、イラク戦争（二〇〇三～一一年）、ジョージア戦争（二〇〇八年）など、新自由主義を阻むもの（特に社会主義）を倒して、新自由主義を浸透させる戦争が、展開されてきたのです。

ソ連崩壊に伴ってウクライナは一九九一年に独立、すでに社会主義は崩壊して新自由主義が流れ込んでいました。しかしウクライナにおける新自由主義は不徹底で、農地の売買の自由化ができておらず、国営企業の民営化も不十分な状態でした。そこで新自由主義を推進しようとする欧米諸国は、EUとNATOにウクライナを加盟させることで、ウクライナ支配を完成させようとします。これにロシアが強く反発したのです。つまり、NATOの拡大と新自由主義とは、表裏一体の関係にあったわけです。

ロシアはアメリカが体現する新自由主義を受け付けない姿勢を示しています。ロシアは社会主義が崩壊した後も、石油、軍事産業、金融、通信など、戦略産業に対する国家の関与が強化されていて、これが経済をけん引しているという状況があります。つまり、新自由主義が求める民営化などの政策を、全面的に取り入れることができない体制です(南塚「ウクライナ侵攻と新自由主義」、同「ウクライナ戦争はどのようにして起こったのか」)。イタリアの哲学者、マウリツィオ・ラッツァラートは、こう指摘しています。ウクライナ戦争の背景にあるアメリカとロシアの対立は、民主主義体制と独裁体制の対立ではなく、経済的支配をめぐる争いである、と(ラッツァラート「ウクライナ戦争の背景」)。

## ◉ロシアのウクライナをみる目

ロシアがウクライナとの関係をどのように認識してきたのかも確認してみましょう。これについてはかなり時期を「さかのぼる」必要があります。実はロシアでは、ウクライナとロシアは同じ家族の一員であり、別の国家になるのはおかしい、という認識が古くからありました。一九世紀に活躍したロシアの文学者、ドストエフスキーなどにもこれに似た考え方がみられます。

また、ウクライナという国家はソ連が作り出した存在である、という見方も現代ロシアの指導者層にはあります。ロシア帝国の時代、今のウクライナに当たる地域はいくつかの県や州に分かれていて、これをまとめる行政単位はありませんでした。一九一七年に発生したロシア革命ののち、ソ連では「民族自決」の考え方にたって、「ウクライナ共和国」という単位が作り出されたのです。

現在、プーチンやロシアの指導者たちは共産主義には否定的で、ソ連ではなくかつてのロシア帝国の栄光に立ち返ろうという傾向が強いといわれています。そうなるとどのような問題が生じるでしょうか？　そう、ソ連や共産主義が作った「ウクライナ共和国」、そして、その後身である現在のウクライナも、清算しなければならない対象だということになります。

しかし、ウクライナがロシアと完全に一体というわけではなく、一言では割り切れない微妙な関係が続いてきた、というのが実態です。プーチンたちは極端に単純化されたウクライナ観をもっているということになります（塩川「ウクライナ侵攻の歴史文脈と政治論理」）。

## ◉ロシア、そしてウクライナの国内情勢

ロシアの国内情勢についてはどうでしょうか。時期を「さかのぼり」ましょう。プーチン政権は、ソ連崩壊後に混乱するロシアの経済を改善して、安定と繁栄をもたらしたことで高い支持率を得ていました。しかし高い支持率は長続きせず、その後低下傾向になります。二〇〇四年から行われた社会保障改革への反発が高まったことや、二〇〇八年以降に長期にわたる不況が続いたことがその一因です。二〇一四年にロシアが強行したクリミア併合は、国際社会から厳しく批判されたものの、国内では政権支持率が上昇しました。国際的に孤立しているのだから、国内は結束しなければならない、という国民意識がこの背景にあります。

しかし支持率は二〇一八年頃から年金改革の影響でまた下がり出します。これに二〇二〇年からはコロナ禍が追い打ちをかけます。二〇二一年秋の下院選挙では、与党が議席を減らし、共産党などが進出、プーチンらの国内政治は相当に行き詰まっていました。また、長期政権化とこれに伴うプーチンの高齢化という問題も起こってきました。かつてプーチンは冷

徹なまでの判断能力をもっているとみられていましたが、その能力の衰えが指摘されるようになりました。

二〇二二年二月のウクライナ戦争の開戦は、こうした行き詰まり状態からの脱却を求める「大バクチ」だったのでは、と推測する研究者もいます。いずれにせよ、確たる目算があって開戦したとは考えにくいのです（塩川「この戦争は何であり、どこに向かっているか」）。

最後に、ウクライナ国内の状況について確認しましょう。ここでは、ウクライナがソ連崩壊に伴って独立した、一九九〇年代にまで「さかのぼり」ます。ソ連崩壊以降、ウクライナを含む旧ソ連構成国の多くは、独立後に経済が行き詰まります。実は現在でもこうした国々の経済水準は、一九九〇年の水準にも回復していません。ウクライナでも貧困の問題が発生していました。

ウクライナでは、貧困、貧富の格差などの社会問題を、ＥＵに加盟して経済を繁栄させることで解決しようという動きが次第に高まってゆきました。二〇一三年一一月、そうした人びとが、独立広場（マイダン）に座り込みをはじめます。一一月三〇日の未明、警察が運動参加者に暴行する事件が起こると、運動はＥＵ加入をめぐるものから、暴行に対する抗議へとシフトし、ウクライナ全土に拡大してゆきました。

二〇一四年二月二〇日、マイダン派約三〇〇〇人が隊列を組んで運動を進めていたところ、警察隊がこれを銃撃したとされる事件が発生します（誰が銃撃したのかについては諸説あります）。これをきっかけとしてウクライナのヤヌコヴィチ政権は崩壊し、ユーロマイダン政権が成立したのです（マイダン革命）。

二月二三日、ウクライナ語のみを公用語とする方針が出されると、ウクライナの東部と南部にいるロシア語話者の反発が広がりました。クリミアでは、ウクライナからの分離独立運動が起こります。ロシアはこれに介入して、二〇一四年三月にクリミア併合を強行します。こうして、ウクライナとロシアの緊張は一挙に高まっていきました。

プーチン政権の抱える問題、NATOの動向など、戦争発生については様々な外的要因があるのですが、これらを織り込み済みで政策を展開するのも、ウクライナの職業政治家の責任だったはずでした。そうしたかじ取りのできる勇気、知性、責任感をもったウクライナの指導者はこの間ほとんど生まれず、近年のウクライナでは、こうした力をもつ政治家は少なくなるか、選挙に勝てない状況がありました（以上、松里『ウクライナ動乱』、南塚「ウクライナ戦争はどのようにして起こったのか」）。「貧困問題の解決→EUやNATOへの接近」という親欧米的な政策がウクライナで模索されるなか、こうした政策が、欧米と対立関係にあるロシアとの緊張を高めてしまうという点が、きちんと問われなかったのです。「政治と社会のバランス感覚」という論点がみえてきます。

## ●ウクライナ戦争からみえてくること

では、ウクライナ戦争の性格はどのように捉えることができるでしょうか。現在の国際法にある規定と「比較」しつつ、考えてみましょう。

まず、ロシアが一方的にウクライナに侵攻したという事実について。これは、国連憲章第二条（武力行使禁止原則）に違反しています。また、一九七四年の国連総会で定められた、侵略の定義に関する総会決議三三一四が規定している侵略行為にも該当します。第一章でみた、戦争違法化といった世界の努力を踏みにじるものでもあります。

ここまでみてきたロシア側の開戦理由についても検討してみましょう。ロシア側は、ウクライナのNATO加入阻止を戦争目的として挙げています。しかし、ウクライナのNATO加盟は、ウクライナ自身の外交に関わることですから、外国が圧力をかけて止めさせられるものではありません（松井「ウクライナ危機における国際法と国連の役割」）。国際法には「不干渉原則」という考え方があって、国内体制の選択や外交政策の形成については、強制の要素をもって介入することが禁じられているのです。

また連日報道されているように、ウクライナではロシア軍による残虐行為が多発し、大規模な住民虐殺なども行われています。こうした行為は、古くから違法とされてきた戦争犯罪です(第一章参照)。

このように検討をしてみると、①今回の戦争がロシアによるウクライナに対する侵略戦争であること、②国際法に反する戦争犯罪を伴うものであること、が分かるのです。主たる戦争責任がロシアにあることは明らかですね。

次に、ウクライナ戦争が起こった原因(歴史的経緯)や、戦争の国際法上の位置づけを踏まえながら、今後私たちが考え、行わなければならないことを、将来を見据えて考えてみましょう(「往還」の作業です)。

まず今回の戦争の経緯をみると、経済力や軍事力で相手を抑止する、という考えが、むしろ戦争を生んでしまうということが分かります。新自由主義が戦争の背景の一つにあったことも、確認しましたよね。つまり競争至上主義、新自由主義にたった政策や考え方を修正しない限り、今後も戦争は形を変えて生じ続ける、ということになります。

軍隊や軍事同盟では平和は守れない、ということも重要です。ロシア軍はＮＡＴＯという軍事同盟にウクライナが加わることを恐れて侵攻という暴挙に出たわけです。これは、軍隊や軍事同盟が平和を破壊したということを意味します。この本の第一章にも関連しますが、軍事力の均衡で平和を守るという考え方は、第一次世界大戦の頃から何度も破綻を繰り返してきました（久保「ウクライナ戦争の歴史的意味」）。戦争が起こると、軍事力を強化して自国を防衛しよう、という声が高まりがちです。しかし、一方が軍事力を強化すれば、それは対立する一方の国やその同盟国の軍拡の格好の口実になります。今回のロシアのように、軍事同盟の拡大を開戦の口実にすることもあるのです。戦争を防ぎ、人権と平和を守るには、政治と社会の冷静な「バランス感覚」と、ものごとの歴史的経緯を知ろうとする意識が欠かせない、ということですね。

### ◉まとめ――原因を知り、自分自身の「当たり前」を疑うことが、世界を知る第一歩

この章では、ウクライナ戦争について歴史的な検討を行いました。事件の実態を正確に把握し、自分自身が「当たり前」と思っているイメージをいったん疑い、歴史的なものの見方を使いながら、対応策を考えてゆかなければならない、ということがみえてきたかと思います。

「当たり前」を疑う――、これは私たちに特に求められていることだと思います。ウクライナ戦争を受けて世界では軍拡の動きが広まっています。これは日本も例外ではありません。二〇二二年一二月に策定された日本の「防衛力整備計画」では、二〇二七年度の防衛費を八兆九〇〇〇億円(GDP比二%)にするとされています。日本は米中に次ぐ世界第三位の軍事費支出国となります。軍拡競争の末、大きな軍事力が対峙する状態が続くと、局地的・偶発的な要因で衝突が起こる危険性があります(山田「日本史からみたウクライナ戦争」)。

## ◉誤った歴史認識は戦争や暴力を生む

なお、日本ではウクライナ戦争を受けて、「核共有論」が、「当たり前」のように議論されるようになってきています。この主唱者の一人が安倍晋三元首相です。安倍は、ロシアのウクライナ侵攻を招いたのはウクライナが核兵器を放棄して、NATOの同盟国ではなかったからだと主張し、NATOにならって核共有の議論を進め、日米同盟を強化すべきだと主張しました。

もうみなさんお気づきでしょう。安倍のウクライナ戦争に関する認識(歴史認識)は根本から誤っています。そもそもNATOの東方拡大やアメリカなどによる新自由主義の拡大が、今回の戦争を引き起こす大きな要因となっているのですから、そのNATOやアメリカの路線にのって核共有の議論を進めることは、ロシアの反感を買うことにしかなりません。つまり安倍のいう「核共有」論は、戦争終結をいっそう難しくする、「火に油を注ぐ」ものに他ならないわけです。なお、「核共有」論は、核兵器やその管理を「いかなる者からも直接又は間接に受領しない」ように非核兵器国に義務付ける、核拡散防止条約(NPT)第二条に反する内容です。日本はこのNPTの加盟国ですから、「核共有」論は成り立つ余地がないはずです(松井「ウクライナ危機における国際法と国連の役割」)。

「さかのぼる」、「比較する」、「往還する」。こうした歴史的な検討をせず、自分自身の何となくの感覚だけで作り出された「当たり前」に沿って、政治や社会を動かそうとすると、それは確実に戦争や暴力を生むのです。

## ◉「歴史的に考えること」でできることとは?!

逆に、歴史的に考えることで、不必要な対立や苦痛を回避することができます。

ウクライナ戦争では、戦争開始直後(開戦五日目の二月二八日)からロシアとウクライナが停戦交渉を始めていました。つまり双方ともに、戦争をしたくない、続けたくないと考えている可能性があるのです。

二〇二二年三月、歴史学者の和田春樹が起草し、歴史学者一四人が署名した「憂慮する日本の歴史家の訴え——ウクライナ戦争を一日でも早く止めるために日本政府は何をなすべきか」が発表されました。ここでは、歴史学のこれまでの研究成果を反映しつつ、①ロシアと安定的な隣国関係を維持している中国、そして、②この地域で生じた戦争で停戦を提案した経験があり、ロシアとの関係も安定しているインドに、③日本が呼びかけて停戦交渉を助けることが提案されています。これまでの歴史的経緯を踏まえつつ、日本、中国、インドが仲裁者となるよう要請するという点が、この声明のポイントです。和田たちは、日本外務省やロシア大使館にこの声明を持参し、停戦への働きかけを行っています（和田『ウクライナ戦争即時停戦論』）。

# 終章◇「現在」は、過去、そして未来につながる

みなさん、ここまで読んでくださってありがとうございます！ ①全てのできごとの原因は過去にあること、そして、②過去にさかのぼり、事件の原因をしっかりと把握しておかないと、人間は誤った判断をしてしまい、未来にも悪い影響を与えてしまうということ。まずはこれらのことが、みなさんに何らかの形で伝わっていればとても嬉しいです。

最後に、「歴史的に考えること」や歴史学はどうして大切かということを改めて確認して、おしまいにしたいと思います。ちょっと遠回りのように感じる方もいるかもしれませんが、「歴史を学ばないとどのような問題が起こってしまうのか」を考えることで、歴史学の大切さはいっそうはっきりとみえてきます。

## 1　「あったこと」を「なかったこと」にしてはならない理由

### ◉海外に目を向けてみると……

歴史を学ばない、歴史的にものごとを考えない。その典型的な事例の一つが、この本でも何度か言及した歴史修正主義や否定論です。そう、「あったこと」を「なかったこと」にしたり、戦争責任や植民地支配に対する責任を棚上げしたりする考え方を指す用語でしたね。近現代日本の事例についていえば、「南京事件はなかった」「「慰安婦」への強制はなかった」「植民地支配について、日本は何も悪くない」といった主張がそれです（こうした主張が成り立たないことは、この本でも繰り返し確認してきたとおりです）。

実は、こうした歴史修正主義・否定論にたった考え方は、海外では非常に大きな問題だと認識されていて、社会的に許されないものだと考えられています。国によっては犯罪として処罰の対象にしているケースもあるのです（武井『歴史修正主義』）。日本の政治や社会では、いまだに歴史修正主義や否定論への認識が低く、事実上野放しになっているケースもあります。しかし、海外では「あったこと」を「なかったこと」にすること自体が人権侵害である、という考え方が広く定着しているのです。

## ◉歴史学が欠かせない理由

もし、私たちが歴史をきちんと学ばず、海外で「近代日本は何も悪いことはしていない」、「ナチ・ドイツはそんなにひどいことはしていない」といった発言をしてしまったらどうなるでしょうか？　人間関係や仕事など、あらゆる場面で信頼を失ってしまうでしょう。さらに、戦争や暴力の被害にあった人やその家族の心は、深く傷つけられることになります。日本国内で私たちが生活する場合にも注意が必要です。日本には様々なルーツをもつ人びとが暮らしています。歴史をきちんと学ばずに、「あったこと」を「なかったこと」にしてしまうと、誰かの人生や家族をまるごと否定してしまうことにもなりかねません。

これらのことからどんなことが分かるでしょうか？　歴史を学ぶことや、歴史学の手法を使って考えるということは、家族、学校、職場など、いろいろな場面で誰かを傷つけないようにするために欠かせないものである、ということなのだと私は思います。簡単にいえば、「人権を守るためには歴史学が欠かせない」ということですね。

歴史学は、人間がしてはならないことと、しなければならないことを教えてくれます。人間は、未来を正確に予測することはできません。しかし本書でみてきたように、「さかのぼり」、「比較」し、「往還」しながら、過去の事例から徹底的に学ぶことで、今後の私たちの政治と社会を良くしたり、戦争や暴力を避けたりする方法をみつけることはできるのです。

「あったこと」を「なかったこと」にしてしまうことは、「戦争の防ぎ方を学ばなくてもよい」「重大な人権侵害を受けた人たちを、助けるための方法を身につけなくても良い」といっているのと同じです。

事件の実態を明らかにする（さかのぼる）。事件が起こった時の政治や社会と「比較」して、現在の政治や社会はどこまでその原因を克服することができているのかを見定める。国際法など、世界の基準と「比較」しながら、日本での「当たり前」が世界での「非常識」になっていないかを確認する。その上で、今後二度と同じような事件が起こらないようにする（往還）。こうした歴史学の仕事は、人類とその社会にとって、欠かせないものだといえます。

### ◉人権侵害を追認するような前例を作らない！

また、「あったこと」を「なかったこと」にすると、もう一つ大きな問題が起こります。例えば、日本軍「慰安婦」や徴用工の人びとが受けた被害を、「なかったこと」にしてしまったらどうなるでしょうか？　これは、政治や社会がどんな人権侵害を行ったとしても、「あとからなかったことにできる」という前例を作ることになります。これは人権侵害を追認することと同じです。もしそんなことが許されれば、政治や社会が何をしても、その責任は追及されないか、言い訳程度の軽い処罰で済まされてしまうことにもなります。これでは、戦争や暴力は何度でも繰り返されてしまいます。

「あったこと」を忘れてしまうのも同じくらい問題です。どんなに深刻な人権侵害が行われても、のちに社会は忘れてしまうのだ、ということになれば、政治も社会も戦争や暴力に対して責任を負おうとしなくなるでしょう。

政治や社会がもつ戦争や暴力に対する責任をはっきりさせ、これを忘れないようにするためにも、歴史学は必要不可欠ですね。

## 2　不必要な苦痛を生まないために

### ◉世の中の「仕方がない」を疑う

「歴史を学ばないこと」のもつ問題をもう少し詳しく掘り下げてみましょう。ここでは、歴史を学ばないということ自体が、新たな人権侵害や苦痛を生む、ということを再確認しておこうと思います。

沖縄の事例を思い出してみてください。沖縄は、明治時代の「琉球処分」によって日本に併合され、差別を受け続け、アジア太平洋戦争でも大きな被害を出しました（第一・三章）。ベトナム戦争に加担させられるなど、沖縄の人びとの苦しみは「戦後」も続きました（第三章）。米軍機の墜落や騒音、米兵による犯罪など、基地による被害は今も続いています。

しかし、こうした沖縄の置かれている状況を、日本政府や「本土」は「仕方がないもの」だと考え、事実上放置してきました。第三章でみた菅義偉のケースのように、自分は戦後生まれだから、歴史を持ち出されても困るといって、事件の原因を無視して対話自体を閉ざす人たちも、こうした「仕方がない」という歴史認識をもっているのだと考えられます。でも、これは本当に「仕方がない」といえるものだったでしょうか？

本書でふれた内容をざっと振り返っただけでも、次のような事実が浮かび上がります。①サンフランシスコ平和条約が締結された後、米軍の沖縄占領については国際法学者から批判が出されていたこと（第三章）、②沖縄返還の外交交渉の際に、日本側がアメリカの海兵隊は抑止力になると発言したことから、これをアメリカ側に逆手に取られたという事実があったこと（第三章）。

さらに補足しておくと、アメリカ国内でも、沖縄への海兵隊駐留については、配備反対や見直しの声がたびたび上がってきたという事実があります（野添『沖縄米軍基地全史』）。また、沖縄は経済的に米軍基地に依存しているではないか、という人がいますが、これも間違いです。沖縄の県民総所得に占める米軍基地関連収入の割合は、一九七二年の復帰直後が一五・五％、二〇一九年度が五・五％です。沖縄返還から現在にかけて、米軍基地は沖縄県の財政を大きく左右するものではなくなっているのです（沖縄県Webサイト：https://www.pref.okinawa.lg.jp/kensei/shisaku/1014345/1014346.html　二〇二四年七月二二日閲覧）。アメリカ本国でも基地返還跡地が地元経済のプラスになった事例がたくさんあります（佐藤・屋良『沖縄の基地の間違ったうわさ』）。

こうした歴史的経緯をみてゆくと、現在の沖縄が強いられている負担は、「仕方がないもの」とはいえない、ということが明らかになってきます。「沖縄に基地負担がかかることは仕方がない」と思い込んでしまった世論によって政治家が選ばれ、その結果、沖縄への基地負担が固定化されてきた、というのが実情です。

少なくとも基地縮小というプランが現実路線としてあり得るにもかかわらず、日本政府や「本土」の側が「自発的」に沖縄に広大な米軍基地を置き続け、アメリカの戦争を支えてきた、というのが歴史の実態です。外交史研究の世界では戦後の日米関係を、日本のアメリカに対する「自発的隷従」だと表現する研究者もいます（松田『自発的隷従の日米関係史』）。

SNSやネットでは、沖縄で米軍基地への反対運動を行う人びとを揶揄《やゆ》する書き込みが、今も後を絶ちません。これは、近現代日本や沖縄の経験した歴史的事実や経緯をきちんと学ばず「沖縄に広大な基地があることは仕方がないことなのだ」と思い込んでいるためだと考えられます。これは歴史を知らないこと自体が暴力になるということを示しています。こうした「暴力」を防ぐためにも、歴史を学び、歴史学を使ってゆくことが大切です。

## ◉歴史学で社会の選択肢を増やす

歴史学を学び、使いこなしてゆくことにはたくさんの意味や意義があると思います。終章では、数ある歴史学の意義のうち、①「あったこと」を「なかったこと」にしない、②不必要な苦痛を生まない、という二つの点に注目してみました（他にもたくさんの意味がありますので、本書を読み直しながら考えてみてください）。

これら二つに共通することは、何だと思いますか⁇　いろいろな答えがありそうですが、私は、「歴史学は私たちの「当たり前」を疑う手段となる」ということだと思います。

歴史を学び、政治や社会に対するイメージが変わると、自分がもっていた「当たり前」を疑えるようになる。これはとても大切なことだと思います。なぜなら、人間は自分のもっている社会へのイメージや「常識」（＝「当たり前」だと考えていること）にそって行動したり、選択したりするからです。志望校を選ぶ、専攻を選ぶ、就職先を選ぶ。人生にはいくつもの「選ぶ」タイミングがやってきますよね。さらには、政治家を選ぶ、という政治や社会の方向自体を左右する「選択」もあります。「選ぶ」時にはどうしても、自分のもっている「当たり前」と「イメージ」に基づいて判断をしてゆくことになります。

自分自身の「当たり前」を疑うことができるようになると、それまでは全く思いつかなかったような、たくさんの選択肢があることも分かってきます。「これしか選択肢がない！」「こうしないと仕方がないのだ！」と思っていても、歴史学を使って考えてゆくと、実はそうではないということがみえてきます（各章のケーススタディでみたとおりです）。選択肢が増える、それは未来を守ってゆくための、よりよい選択や決定ができるようにすることでもあります。歴史学を駆使することは、「未来を守ること」にもつながっているのです。こうした点を、本書を通してほんの少しでも感じていただけたらと思います。

# 読書案内――次の一歩のために

歴史学や近現代史についてさらに学びたいという方のために、いくつかお勧め文献をご紹介しておきます。私は大学の授業で、興味をもったトピックについて調べる時は、まずは、初学者向けの本(岩波ブックレットや岩波ジュニア新書など)を読むことをお勧めしています。その上で、岩波新書などの新書、さらには専門書を読む、という順番で調べると知識や考え方が深まってゆく、とアドバイスします。

ここではこの順に従って、ブックレット、ジュニア新書、新書の順にお勧め本を記しておきます。ぜひご覧になってください。また、本書の参考文献一覧にある本も、「次の一歩」の役に立つと思いますので、興味のあるものから読んでみてください。

**◉岩波ブックレット・岩波ジュニア新書**

宇田川幸大『私たちと戦後責任――日本の歴史認識を問う』岩波ブックレット、二〇二三年
鹿野政直『日本の現代』岩波ジュニア新書、二〇〇〇年
竹内康人『韓国徴用工裁判とは何か』岩波ブックレット、二〇二〇年

松沢裕作『生きづらい明治社会――不安と競争の時代』岩波ジュニア新書、二〇一八年
由井正臣『大日本帝国の時代』岩波ジュニア新書、二〇〇〇年

◉新書

新崎盛暉『沖縄現代史』新版、岩波新書、二〇〇五年
中村政則『戦後史』岩波新書、二〇〇五年
原朗『日清・日露戦争をどう見るか――近代日本と朝鮮半島・中国』NHK出版新書、二〇一四年
原田敬一『日清・日露戦争』岩波新書、二〇〇七年
吉田裕『アジア・太平洋戦争』岩波新書、二〇〇七年

# 参考文献一覧（引用した文献を中心にまとめました）

## ●文献

芦部信喜著、高橋和之補訂『憲法』第八版、岩波書店、二〇二三年
阿部浩己『国際法の暴力を超えて』岩波書店、二〇一〇年
荒井英輔『トリチウムの何が問題か』東京図書出版、二〇二二年
荒井信一『戦争責任論――現代史からの問い』岩波現代文庫、二〇〇五年
新崎盛暉『沖縄現代史』新版、岩波新書、二〇〇五年
新崎盛暉「沖縄から「平和憲法」を問い直す――構造的差別と抵抗の現場から」『歴史評論』七七〇号、二〇一四年六月
飯倉章『第一次世界大戦と日本参戦――揺らぐ日英同盟と日独の攻防』吉川弘文館、二〇二三年
家永三郎『戦争責任』岩波現代文庫、二〇〇二年
五百旗頭真『日米戦争と戦後日本』講談社学術文庫、二〇〇五年
伊香俊哉『満州事変から日中全面戦争へ』吉川弘文館、二〇〇七年

石射猪太郎『外交官の一生』改版、中公文庫、二〇一五年
石川文洋『フォト・ストーリー　沖縄の70年』岩波新書、二〇一五年
板橋拓己「冷戦後の国際秩序を問い直す——ヨーロッパ国際政治史研究の視点から」歴史学研究会編『ロシア・ウクライナ戦争と歴史学』大月書店、二〇二四年
井上寿一『第一次世界大戦と日本』講談社現代新書、二〇一四年
岩波新書編集部編『日本の近現代史をどう見るか』岩波新書、二〇一〇年
臼井勝美『新版　日中戦争』中公新書、二〇〇〇年
宇田川幸大『考証　東京裁判——戦争と戦後を読み解く』吉川弘文館、二〇一八年
宇田川幸大『東京裁判研究——何が裁かれ、何が遺されたのか』岩波書店、二〇二二年
宇田川幸大『私たちと戦後責任——日本の歴史認識を問う』岩波ブックレット、二〇二三年
宇田川幸大「日本人捕虜の終わらない戦争」内海愛子・宇田川幸大編・解説『日本人捕虜関係資料』不二出版、二〇二三年
宇田川幸大「近現代日本における戦争責任論の展開」『思想』一一九八号、二〇二四年二月
宇田川幸大・内海愛子・金ヨンロン・芝健介「〈連続討議〉戦争責任・戦後責任論の課題と可能性」(下)『思想』一二〇二号、二〇二四年六月
内海愛子『日本軍の捕虜政策』青木書店、二〇〇五年
内海愛子・石田米子・加藤修弘編『ある日本兵の二つの戦場——近藤一の終わらない戦争』社会評論社、

二〇〇五年
内海愛子・上杉聰・福留範昭『遺骨の戦後――朝鮮人強制動員と日本』岩波ブックレット、二〇〇七年
内海愛子『戦後補償から考える日本とアジア』第二版、山川出版社、二〇一〇年
内海愛子「戦後史の中の「和解」――残された植民地支配の清算」成田龍一・吉田裕編『記憶と認識の中のアジア・太平洋戦争――岩波講座アジア・太平洋戦争　戦後篇』岩波書店、二〇一五年
内海愛子・大沼保昭・田中宏・加藤陽子『戦後責任――アジアのまなざしに応えて』岩波書店、二〇一四年
江口圭一『十五年戦争小史』ちくま学芸文庫、二〇二〇年
太田修「日韓会談文書公開と「過去の克服」」『歴史学研究』九〇八号、二〇一三年八月
太田修『日韓交渉――請求権問題の研究』新装新版、クレイン、二〇一五年
翁長雄志『戦う民意』KADOKAWA、二〇一五年
E・H・カー、清水幾太郎訳『歴史とは何か』岩波新書、一九六二年
外務省条約局第二課『大東亜戦争関係国際法問題論叢』一九四二年、外務省外交史料館所蔵
外務省『サン・フランシスコ会議議事録』一九五一年、中央大学中央図書館所蔵
外務省アジア局第二課「再開日韓交渉議事要録/請求権部会第二回」一九五三年一〇月一五日「日韓会談文書　情報公開アーカイブズ」
笠原十九司『南京事件』岩波新書、一九九七年

賀屋興宣『戦前・戦後八十年』浪曼、一九七五年
川島真『近代国家への模索――一八九四―一九二五』岩波新書、二〇一〇年
久保亨「ウクライナ戦争の歴史的意味」『歴史学研究』一〇二六号、二〇二二年九月
黒川みどり・藤野豊『差別の日本近現代史――包摂と排除のはざまで』岩波現代全書、二〇一五年
原子力市民委員会 原子力規制部会「ALPS処理水取扱いへの見解」二〇一九年一〇月三日
原子力市民委員会「見解：IAEA包括報告書はALPS処理汚染水の海洋放出の「科学的根拠」とはならない海洋放出を中止し、代替案の実施を検討するべきである」二〇二三年七月一八日
『公判記録――七三一細菌戦部隊』不二出版、一九八二年
小暮泰用「復命書」一九四四年七月三一日『昭和一九年 本邦内政関係雑纂／植民地関係』第二巻、外務省外交史料館所蔵
古関彰一『日本国憲法の誕生』増補改訂版、岩波現代文庫、二〇一七年
古関彰一・豊下楢彦『沖縄 憲法なき戦後――講和条約三条と日本の安全保障』みすず書房、二〇一八年
小林啓治『総力戦とデモクラシー――第一次世界大戦・シベリア干渉戦争』吉川弘文館、二〇〇八年
斎藤聖二『日独青島戦争』ゆまに書房、二〇〇一年
佐藤学・屋良朝博編『沖縄の基地の間違ったうわさ――検証34個の疑問』岩波ブックレット、二〇一七年
参謀本部編『杉山メモ(上)[普及版]』原書房、二〇〇五年
塩川伸明「ウクライナ侵攻の歴史文脈と政治論理」『世界』九五六号、二〇二二年五月

塩川伸明「この戦争は何であり、どこに向かっているか」『世界』九六七号、二〇二三年三月
清水光雄『最後の皇軍兵士――空白の時、戦傷病棟から』現代評論社、一九八五年
新城郁夫・鹿野政直『対談　沖縄を生きるということ』岩波現代全書、二〇一七年
高柳賢三・大友一郎・田中英夫編著『日本国憲法制定の過程――連合国総司令部側の記録による』I、有斐閣、一九七二年
竹内康人『韓国徴用工裁判とは何か』岩波ブックレット、二〇二〇年
武井彩佳『歴史修正主義――ヒトラー賛美、ホロコースト否定論から法規制まで』中公新書、二〇二一年
田中伸尚・田中宏・波田永実『遺族と戦後』岩波新書、一九九五年
鄭栄桓「植民地の独立と人権――在日朝鮮人の「国籍選択権」をめぐって」『ＰＲＩＭＥ』三六号、二〇一三年三月
常石敬一『七三一部隊全史――石井機関と軍学官産共同体』高文研、二〇二二年
中野敏男ほか編『「慰安婦」問題と未来への責任――日韓「合意」に抗して』大月書店、二〇一七年
永原和子「女性史の道をたどって」『年報・日本現代史』一八号、二〇一三年
中村江里『戦争とトラウマ――不可視化された日本兵の戦争神経症』吉川弘文館、二〇一八年
中村政則『戦後史』岩波新書、二〇〇五年
成田千尋『世界史のなかの沖縄返還』吉川弘文館、二〇二四年
成田龍一『大正デモクラシー』岩波新書、二〇〇七年

新田満夫編『極東国際軍事裁判速記録』全一〇巻、雄松堂書店、一九六八年
野添文彬『沖縄米軍基地全史』吉川弘文館、二〇二〇年
秦郁彦『決定版　日本人捕虜――白村江からシベリア抑留まで』上・下、中公文庫、二〇一四年
原朗『日清・日露戦争をどう見るか――近代日本と朝鮮半島・中国』NHK出版新書、二〇一四年
原田敬一『日清・日露戦争』岩波新書、二〇〇七年
原田敬一『日清戦争論――日本近代を考える足場』本の泉社、二〇二〇年
坂野潤治『近代日本政治史』岩波書店、二〇〇六年
広田照幸『陸軍将校の教育社会史――立身出世と天皇制』上・下、ちくま学芸文庫、二〇二一年
廣瀬直己「東京電力(株)福島第一原子力発電所のサブドレン水等の排水に関する要望書に対する回答について」二〇一五年八月二五日
吹浦忠正『聞き書　日本人捕虜』図書出版社、一九八七年
藤原彰・功刀俊洋編集・解説『資料　日本現代史　8――満洲事変と国民動員』大月書店、一九八三年
法務大臣官房司法法制調査部「大山文雄氏からの聴取書」北博昭編・解説『東京裁判――大山文雄関係資料』不二出版、一九八七年
法務大臣官房司法法制調査部「元海軍少将(軍令部第四課長、動員)栗原悦蔵氏からの聴取書」一九六一年六月二日『海軍少将高田利種　同栗原悦蔵　同川井巌聴取書』所収、国立公文書館所蔵
法務大臣官房司法法制調査部「元満州国総務長官　企画院総裁　内閣書記官長星野直樹氏からの聴取書

（第四回）」一九六〇年五月一一日『聴取書綴』所収、国立公文書館所蔵
松尾尊兊編『石橋湛山評論集』岩波文庫、一九八四年
松里公孝『ウクライナ動乱――ソ連解体から露ウ戦争まで』ちくま新書、二〇二三年
『松本記録　閣議決定書輯録』第四巻、外務省外交史料館所蔵
南塚信吾「ウクライナ侵攻と新自由主義」『歴史学研究』一〇二三号、二〇二二年六月
南塚慎吾「ウクライナ戦争はどのようにして起こったのか」南塚信吾ほか『軍事力で平和は守れるのか――歴史から考える』岩波書店、二〇二三年
松井芳郎「ウクライナ危機における国際法と国連の役割」『法と民主主義』五六八号、二〇二二年五月
松田武『自発的隷従の日米関係史――日米安保と戦後』岩波書店、二〇二二年
文京洙『新・韓国現代史』岩波新書、二〇一五年
森茂樹「大陸政策と日米開戦」歴史学研究会・日本史研究会編『日本史講座九――近代の転換』東京大学出版会、二〇〇五年
森宣雄「琉球は「処分」されたか――近代琉球対外関係史の再考」『歴史評論』六〇三号、二〇〇〇年七月
屋嘉比収『沖縄戦、米軍占領史を学びなおす――記憶をいかに継承するか』世織書房、二〇〇九年
山極晃・中村政則編、岡田良之助訳『資料日本占領　1――天皇制』大月書店、一九九〇年
山田朗『軍備拡張の近代史――日本軍の膨張と崩壊』吉川弘文館、一九九七年
山田朗「日本軍の捕虜観」藤原彰・姫田光義編『日中戦争下中国における日本人の反戦活動』青木書店、

一九九九年
山田朗『世界史の中の日露戦争』吉川弘文館、二〇〇九年
山田朗「日本史からみたウクライナ戦争」『歴史学研究』一〇三七号、二〇二三年七月
山田昭次『関東大震災時の朝鮮人虐殺とその後――虐殺の国家責任と民衆責任』創史社、二〇一一年
山田昭次・古庄正・樋口雄一『朝鮮人戦時労働動員』岩波書店、二〇〇五年
山本晴太ほか『徴用工裁判と日韓請求権協定――韓国大法院判決を読み解く』現代人文社、二〇一九年
油井大三郎『平和を我らに――越境するベトナム反戦の声』岩波書店、二〇一九年
油井大三郎「NATOの東方拡大は戦争を抑止したのか」南塚信吾ほか『軍事力で平和は守れるのか――歴史から考える』岩波書店、二〇二三年
横井秀信(NHKディレクター)執筆のリーフレット(番組制作者による作品解説)『玉砕――隠された真実』NHKエンタープライズ、二〇一一年
吉澤文寿『日韓会談1965――戦後日韓会談の原点を検証する』高文研、二〇一五年
吉澤文寿「総論――これからの日韓関係五〇年を展望するために」『歴史評論』七八八号、二〇一五年一二月
吉田裕『現代歴史学と軍事史研究――その新たな可能性』校倉書房、二〇一二年
吉田裕『アジア・太平洋戦争』岩波新書、二〇〇七年
吉永春子『さすらいの〈未復員〉』筑摩書房、一九八七年
吉見義明「満州事変論」江口圭一編『体系・日本現代史』一巻、日本評論社、一九七八年

吉見義明『従軍慰安婦』岩波新書、一九九五年
吉見義明『毒ガス戦と日本軍』岩波書店、二〇〇四年
吉見義明『日本軍「慰安婦」制度とは何か』岩波ブックレット、二〇一〇年
吉見義明『焼跡からのデモクラシー――草の根の占領期体験』上・下、岩波現代全書、二〇一四年
吉見義明『草の根のファシズム――日本民衆の戦争体験』岩波現代文庫、二〇二二年
マウリツィオ・ラッツァラート著、杉村昌昭訳「ウクライナ戦争の背景」『現代思想』五〇巻六号、二〇二二年五月
歴史学研究会編『日本史史料[4]近代』岩波書店、一九九七年
歴史学研究会・日本史研究会編『「慰安婦」問題を／から考える――軍事性暴力と日常世界』岩波書店、二〇一四年
歴史教育者協議会編『日本社会の歴史 下 近代〜現代』大月書店、二〇一二年
和田春樹『朝鮮戦争』岩波書店、一九九五年
和田春樹『朝鮮戦争全史』岩波書店、二〇〇二年
和田春樹『韓国併合 110年後の真実――条約による併合という欺瞞』岩波ブックレット、二〇一九年
和田春樹『日露戦争――起源と開戦』上・下、岩波書店、二〇〇九、二〇一〇年
和田春樹『ウクライナ戦争即時停戦論』平凡社新書、二〇二三年

◉データベース・Webサイト
朝日新聞クロスサーチ
NHKアーカイブス
NHK福島NEWS WEB、二〇二三年六月三〇日付
FoE Japan「【Q&A】ALPS処理汚染水、押さえておきたい14のポイント」https://foejapan.org/issue/20230801/13668/(二〇二四年七月二〇日閲覧)
沖縄県Webサイト
国会会議録検索システム
中日新聞・東京新聞記事データベース
日韓会談文書 情報公開アーカイブズ
日本経済団体連合会Webサイト
毎索
◉テレビ番組
『ETV特集 沖縄の夜を生きて――基地の街と女性たち』二〇二三年三月二五日放送

**宇田川幸大**

1985年，横浜市出身．一橋大学大学院社会学研究科博士後期課程修了．博士(社会学)．日本現代史専攻．

現在，中央大学商学部准教授．著書に『私たちと戦後責任』(岩波書店，2023年)など．

祖父母の戦争体験を聞き，艦船模型作りに熱中していた少年は，いつしか歴史学の世界の住人になっていました．人が政治と社会を動かしてゆくところを生々しく描く——，そんな研究を続けたいなと思っています．

歴史的に考えること
—過去と対話し、未来をつくる　　岩波ジュニア新書994

2025年1月17日　第1刷発行

著　者　宇《う》田《だ》川《がわ》幸《こう》大《た》

発行者　坂本政謙

発行所　株式会社 岩波書店
〒101-8002 東京都千代田区一ツ橋2-5-5
案内 03-5210-4000　営業部 03-5210-4111
ジュニア新書編集部 03-5210-4065
https://www.iwanami.co.jp/

印刷製本・法令印刷　カバー・精興社


ISBN 978-4-00-500994-7　　Printed in Japan

# 岩波ジュニア新書の発足に際して

きみたち若い世代は人生の出発点に立っています。きみたちの未来は大きな可能性に満ち、陽春の日のようにひかり輝いています。勉学に体力づくりに、明るくはつらつとした日々を送っていることでしょう。

しかしながら、現代の社会は、また、さまざまな矛盾をはらんでいます。営々として築かれた人類の歴史のなかで、幾千億の先達《せんだつ》たちの英知と努力によって、未知が究明され、人類の進歩がもたらされ、大きく文化として蓄積されてきました。にもかかわらず現代は、核戦争による人類絶滅の危機、貧富の差をはじめとするさまざまな人間的不平等、社会と科学の発展が一方においてもたらした環境の破壊、エネルギーや食糧問題の不安等々、来るべき二十一世紀を前にして、解決を迫られているたくさんの大きな課題がひしめいています。現実の世界はきわめて厳しく、人類の平和と発展のためには、きみたちの新しい英知と真摯《しんし》な努力が切実に必要とされています。

きみたちの前途には、こうした人類の明日の運命が託されています。ですから、たとえば現在の学校で生じているささいな「学力」の差、あるいは家庭環境などによる条件の違いにとらわれて、自分の将来を見限ったりはしないでほしいと思います。個々人の能力とか才能は、いつどこで開花するか計り知れないものがありますし、努力と鍛練の積み重ねの上にこそ切り開かれるものですから、簡単に可能性を放棄したり、容易に「現実」と妥協したりすることのないようにと願っています。

わたしたちは、これから人生を歩むきみたちが、生きることのほんとうの意味を問い、大きく明日をひらくことを心から期待して、ここに新たに岩波ジュニア新書を創刊します。現実に立ち向かうために必要とする知性、豊かな感性と想像力を、きみたちが自らのなかに育てるのに役立ててもらえるよう、すぐれた執筆者による適切な話題を、豊富な写真や挿絵とともに書き下ろしで提供します。若い世代の良き話し相手として、このシリーズを注目してください。わたしたちもまた、きみたちの明日に刮目《かつもく》しています。（一九七九年六月）

943 数理の窓から世界を読みとく
—素数・AI・生物・宇宙をつなぐ
初田哲男・柴藤亮介 編著

数学を使いさまざまな事象を理論的に解明する方法、数理。若手研究者たちが数理を共通言語に、瑞々しい感性で研究を語る。

944 自分を変えたい
—殻を破るためのヒント
宮武久佳

いつも同じメンバーと同じ話題。親に勧められた大学に進学し、楽勝科目で単位を稼ぐ。ずっとこのままでいいのかなあ？

945 ヨーロッパ史入門
原形から近代への胎動
池上俊一

古代ギリシャ・ローマから、文化的統合体としてのヨーロッパの成立、ルネサンスや宗教改革を経て、一七世紀末までを俯瞰。

946 ヨーロッパ史入門
市民革命から現代へ
池上俊一

近代国家の成立や新しい思想の誕生、二度の大戦、アメリカや中国の台頭。「古い大陸」ヨーロッパがたどった近現代を考察。

947 〈読む〉という冒険
イギリス児童文学の森へ
佐藤和哉

アリス、プーさん、ナルニア……名作たちは、本当は何を語っている？「冒険」する読みかた、体験してみませんか。

948 私たちのサステイナビリティ
—まもり、つくり、次世代につなげる
工藤尚悟

「サステイナビリティ」とは何かを、気鋭の研究者が、若い世代に向けて、具体例を交えわかりやすく解説する。

949 進化の謎をとく発生学
—恐竜も鳥エンハンサーを使っていたか
田村宏治
進化しているのは形ではなく形作り。キーワードは、「エンハンサー」です。進化発生学をもとに、進化の謎に迫ります。

950 漢字ハカセ、研究者になる
笹原宏之
著名な「漢字博士」の著者が、当て字、国字、異体字など様々な漢字にまつわるエピソードを交えて語った、漢字研究者への成長記。

951 作家たちの17歳
千葉俊二
太宰も、賢治も、芥川も、漱石も、まだ「文豪」じゃなかった——十代のころ、彼らは何に悩み、何を決意していたのか？

952 ひらめき！ 英語迷言教室
—ジョークのオチを考えよう
右田邦雄
ユーモアあふれる英語迷言やひねりのきいたジョークのオチを考えよう！ 笑いながら英語力がアップする英語トレーニング。

953 大絶滅は、また起きるのか？
高橋瑞樹
生物たちの大絶滅が進行中？ 過去五度あった大絶滅とは？ 絶滅とはどういうことでなぜ問題なのか、様々な生物を例に解説。

954 いま、この惑星で起きていること
気象予報士の眼に映る世界
森さやか
世界各地で観測される異常気象を気象予報士の立場で解説し、今後を考察する。雑誌『世界』で大好評の連載をまとめた一冊。

955 世界の神話 躍動する女神たち　沖田瑞穂

強い、怖い、ただでは起きない、変わってる⁉ 世界の神話や昔話から、おしとやかなイメージをくつがえす女神たちを紹介！

956 16テーマで知る 鎌倉武士の生活　西田友広

鎌倉武士はどのような人々だったのでしょうか？ 食生活や服装、住居、武芸、恋愛など様々な視点からその姿を描きます。

957 〝正しい〟を疑え！　真山 仁

不安と不信が蔓延する社会において、自分を信じて自分らしく生きるためには何が必要なのか？ 人気作家による特別書下ろし。

958 津田梅子―女子教育を拓く　髙橋裕子

日本の女子教育の道を拓き、シスターフッドを体現した津田梅子の足跡を、最新の研究成果・豊富な資料をもとに解説する。

959 学び合い、発信する技術―アカデミックスキルの基礎　林 直亨

アカデミックスキルはすべての知的活動の基盤。対話、プレゼン、ライティング、リーディングの基礎をやさしく解説します。

960 読解力をきたえる英語名文30　行方昭夫

英語力の基本は「読む力」。先生と生徒の対話形式で、新聞コラムや小説など、とっておきの例文30題の読解と和訳に挑戦！

967 核のごみをどうするか
――もう一つの原発問題
今田高俊
寿楽浩太
中澤高師
原子力発電によって生じる「高レベル放射性廃棄物」をどのように処分すればよいのか。問題解決への道を探る。

968 扉をひらく哲学
――人生の鍵は古典のなかにある
中島隆博・梶原三恵子
納富信留・吉水千鶴子 編著
親との関係、勉強する意味、本当の自分とは？……人生の疑問に、古今東西の書物をひもといて、11人の古典研究者が答えます。

969 在来植物の多様性がカギになる
――日本らしい自然を守りたい
根本正之
日本らしい自然を守るにはどうしたらいい？　在来植物を保全する方法は？　自身の保全活動をふまえ、今後を展望する。

970 知りたい気持ちに火をつけろ！
――探究学習は学校図書館におまかせ
木下通子
レポートの資料を探す、データベースで情報検索する……、授業と連携する学校図書館の活用法を紹介します。

971 世界が広がる英文読解
田中健一
英文法は、新しい世界への入り口です。楽しく読む基礎とコツ、教えます。英語力不問、この1冊からはじめよう！

972 都市のくらしと野生動物の未来
高槻成紀
野生動物の本当の姿や生き物同士のつながりを知る機会が減った今。正しく知ることの大切さを、ベテラン生態学者が語ります。

973 ボクの故郷は戦場になった
―樺太の戦争、そしてウクライナへ
重延 浩
1945年8月、ソ連軍が侵攻を開始し、のどかで美しい島は戦場と化した。少年が見た戦争とはどのようなものだったのか。

974 源氏物語入門
高木和子
日本の古典の代表か、色好みの男の恋愛遍歴か。『源氏物語』って、一体何が面白いの？　千年生きる物語の魅力へようこそ。

975 「よく見る人」と「よく聴く人」
―共生のためのコミュニケーション手法
広瀬浩二郎
相良啓子
目が見えない研究者と耳が聞こえない研究者が、互いの違いを越えてわかり合うためのコミュニケーションの可能性を考える。

976 平安のステキな！女性作家たち
川村裕子
早川圭子 絵
紫式部、清少納言、和泉式部、道綱母、孝標女。作品の執筆背景や作家同士の関係も解説。ハートを感じる！王朝文学入門書。

977 国連で働く
―世界を支える仕事
植木安弘 編著
平和構築や開発支援の活動に長く携わってきた10名が、自らの経験をたどりながら国連の仕事について語ります。

978 農はいのちをつなぐ
宇根 豊
生きものの「いのち」と私たちの「いのち」はつながっている。それを支える「農」とは何かを、いのちが集う田んぼで考える。

979 10代のうちに考えておきたいジェンダーの話　堀内かおる

10代が直面するジェンダーの問題を、未来に向けて具体例から考察。自分ゴトとして考えた先に、多様性を認め合う社会がある。

980 食べものから学ぶ現代社会 ―私たちを動かす資本主義のカラクリ　平賀 緑

食べものから、現代社会のグローバル化、巨大企業、金融化、技術革新を読み解く。『食べものから学ぶ世界史』第2弾。

981 原発事故、ひとりひとりの記憶 ―3・11から今に続くこと　吉田千亜

3・11以来、福島と東京を往復し、人々の声に耳を傾け、寄り添ってきた著者が、今に続く日々を生きる18人の道のりを伝える。

982 縄文時代を解き明かす ―考古学の新たな挑戦　阿部芳郎 編著

人類学、動物学、植物学など異なる分野と力を合わせ、考古学は進化している。第一線の研究者たちが縄文時代の扉を開く！

983 翻訳に挑戦！ 名作の英語にふれる　河島弘美

he や she を全部は訳さない？ この人物は「僕」か「おれ」か？ 8つの名作文学で翻訳の最初の一歩を体験してみよう！

984 SDGsから考える世界の食料問題　小沼廣幸

アジアなどで長年、食料問題と向き合い、今も邁進する著者が、飢餓人口ゼロに向け、SDGsの視点から課題と解決策を提言。

985 **迷いのない人生なんて**
—名もなき人の歩んだ道
共同通信社編
共同通信の連載「迷い道」を書籍化。家族との葛藤、仕事の失敗、病気の苦悩…。市井の人々の様々な回り道の人生を描く。

986 **ムクウェゲ医師、平和への闘い**
—「女性にとって世界最悪の場所」と私たち
立山芽以子
華井和代
八木亜紀子
アフリカ・コンゴの悲劇が私たちのスマホに繋がっている？ ノーベル平和賞受賞医師の闘いと紛争鉱物問題を知り、考えよう。

987 **フレーフレー！就活高校生**
—高卒で働くことを考える
中島 隆
就職を希望する高校生たちが自分にあった職場を選んで働けるよう、いまの時代に高卒で働くことを様々な観点から考える。

988 **野生生物は「やさしさ」だけで守れるか？**
—命と向きあう現場から
朝日新聞
取材チーム
多様な生物がいる豊かな自然環境を保つために、時にはつらい選択をすることも。悩みながら命と向きあう現場を取材する。

989 **〈弱いロボット〉から考える**
—人・社会・生きること
岡田美智男
弱さを補いあい、相手の強さを引き出す〈弱いロボット〉は、なぜ必要とされるのか。生きることや社会の在り方と共に考えます。

990 **ゼロからの著作権**
—学校・社会・SNSの情報ルール
宮武久佳
情報社会において誰もが知っておくべき著作権。基本的な考え方に加え、学校と社会でのルールの違いを丁寧に解説します。